W0254709

Beiträge zur Wirtschaftsinformatik

Band 1: L. Alkier
Zukunftsweisende Konzepte für die EDV-Ausbildung
1992, ISBN 3-7908-0568-8

Band 2: U.L. Küsters
Entwicklung von regelbasierten Expertensystemen in APL2
1992, ISBN 3-7908-0589-0

Band 3: R.J.N. Hildebrand
Betriebswirtschaftliche Schwachstellendiagnosen im Fertigungsbereich mit wissensbasierten Systemen
1992, ISBN 3-7908-0594-7

Band 4: G. Walpoth
Computergestützte Informationsbedarfsanalyse
1993, ISBN 3-7908-0648-X

Band 5: G.A. Kainz
Computergestützte Distribuierung von Informations- und Kommunikationssystemen
1993, ISBN 3-7908-0664-1

Band 6: D. Steinmann
Einsatzmöglichkeiten von Expertensystemen in integrierten Systemen der Produktionsplanung und -steuerung (PPS)
1993, ISBN 3-7908-0665-X

Band 7: J. Walther
Rechnergestützte Qualitätssicherung und CIM
1993, ISBN 3-7908-0684-6

Band 8: O. Petrovic
Workgroup Computing – Computergestützte Teamarbeit
1993, ISBN 3-7908-0705-2

Band 10: H. Schüle
DV-Unterstützung beim Planen und Einführen von CIM-Lösungen
1994, ISBN 3-7908-0741-9

Band 12: T. Myrach
Konzeption und Stand des Einsatzes von Data Dictionaries
1995, ISBN 3-7908-0822-9

Band 13: J. Schmalzl
Architekturmodelle zur Planung der Informationsverarbeitung von Kreditinstituten
1995, ISBN 3-7908-0840-7

Band 14: D. Schreiber
Objektorientierte Entwicklung betrieblicher Informationssysteme
1995, ISBN 3-7908-0846-6

Band 15: B. Reuter
Direkte und indirekte Wirkungen rechnerunterstützter Fertigungssysteme
1995, ISBN 3-7908-0850-4

Band 16: S. Hesse
Strategische Datenbanken
1996, ISBN 3-7908-0884-9

Band 17: M. Rundshagen
Computergestützte Konsistenzsicherung in der objektorientierten Systemanalyse
1996, ISBN 3-7908-0903-9

Band 18: H. Boden
Multidisziplinäre Optimierung und Cluster-Computing
1996, ISBN 3-7908-0935-7

Band 19: Z.-Y. Xu
Prinzipien des Entwurfs und der Realisierung eines Organisationsinformationssystems
1996, ISBN 3-7908-0936-5

Band 20: H. Schmidt
Objektorientierte Entwicklung wiederverwendbarer Bausteine für betriebliche Anwendungssysteme
1997, ISBN 3-7908-0976-4

Stefan Kuhlins

Objektorientiertes Design für C++

Entwicklung eines CASE-Tools mit C++ -Codegenerierung

Mit 26 Abbildungen

Springer-Verlag Berlin Heidelberg GmbH

Reihenherausgeber
Werner A. Müller
Peter Schuster

Autor
Dr. Stefan Kuhlins
Hans-Sachs-Ring 123
D-68199 Mannheim

Die Deutsche Bibliothek - CIP-Einheitsaufnahme

Kuhlins, Stefan:
Objektorientiertes Design für C++ : Entwicklung eines CASE-Tools mit C++-Codegenerierung / Stefan Kuhlins. - Heidelberg : Physica-Verl., 1997
(Beiträge zur Wirtschaftsinformatik ; Bd. 21)
ISBN 978-3-7908-0983-1 ISBN 978-3-642-59241-6 (eBook)
DOI 10.1007/978-3-642-59241-6
NE: GT

ISBN 978-3-7908-0983-1

Dieses Werk ist urheberrechtlich geschützt. Die dadurch begründeten Rechte, insbesondere die der Übersetzung, des Nachdrucks, des Vortrags, der Entnahme von Abbildungen und Tabellen, der Funksendung, der Mikroverfilmung oder der Vervielfältigung auf anderen Wegen und der Speicherung in Datenverarbeitungsanlagen, bleiben, auch bei nur auszugsweiser Verwertung, vorbehalten. Eine Vervielfältigung dieses Werkes oder von Teilen dieses Werkes ist auch im Einzelfall nur in den Grenzen der gesetzlichen Bestimmungen des Urheberrechtsgesetzes der Bundesrepublik Deutschland vom 9. September 1965 in der jeweils geltenden Fassung zulässig. Sie ist grundsätzlich vergütungspflichtig. Zuwiderhandlungen unterliegen den Strafbestimmungen des Urheberrechtsgesetzes.

© Springer-Verlag Berlin Heidelberg 1997
Ursprünglich erschienen bei Physica-Verlag Heidelberg 1997
Die Wiedergabe von Gebrauchsnamen, Handelsnamen, Warenbezeichnungen usw. in diesem Werk berechtigt auch ohne besondere Kennzeichnung nicht zu der Annahme, daß solche Namen im Sinne der Warenzeichen- und Markenschutz-Gesetzgebung als frei zu betrachten wären und daher von jedermann benutzt werden dürften.

SPIN 10558908 88/2202-5 4 3 2 1 0 – Gedruckt auf säurefreiem Papier

Vorwort

Das vorliegende Buch entspricht meiner Inauguraldissertation, die unter dem Titel *„Objektorientiertes Design für C++ mit grafischer Notation und dem Ziel der Codegenerierung im Rahmen eines CASE-Tools“* im Sommersemester 1996 von der Fakultät für Betriebswirtschaftslehre der Universität Mannheim angenommen wurde.

Die Arbeit liefert die theoretische Basis für die Generierung von C++-Programmcode im Rahmen von CASE-Tools. Aufbauend auf dem statischen Analysemodell für den Problembereich werden die für die C++-Codegenerierung zusätzlich erforderlichen Informationen erarbeitet. Außerdem wird eine grafische Designnotation entwickelt, die die an Coad und Yourdon angelehnte Analysenotation von MAOOAM (*Mannheimer objektorientierte Analysemethode*) um Designelemente anreichert, die sich partiell an der Methode von Booch orientieren. Integriert in ein CASE Tool wie dem MAOOAM*Tool*, dessen Prototyp am Lehrstuhl für Wirtschaftsinformatik III zur Zeit implementiert wird, sind damit Steigerungen bezüglich der Produktivität und Qualität bei der objektorientierten Softwareentwicklung mit C++ zu erwarten.

Aber auch ohne Toolunterstützung können die Leser von den in dieser Arbeit dargestellten C++-Programmiertechniken profitieren, wenngleich der Programmcode eingegeben werden muß, statt ihn automatisch generieren zu lassen. Voraussetzung zum Verständnis der Arbeit sind Grundkenntnisse der objektorientierten Analyse und der Programmiersprache C++.

An dieser Stelle möchte ich meinem Doktorvater und akademischen Lehrer Prof. Dr. Dr. Martin Schader für die ausgezeichnete Betreuung danken. Seine ständige Diskussionsbereitschaft und konstruktive Kritik haben wesentlich zum Gelingen der Arbeit beigetragen. Bei Prof. Dr. Joachim Niedereichholz bedanke ich mich für die Übernahme des Korreferats.

Dank schulde ich ferner meinen Kollegen vom Lehrstuhl für Wirtschaftsinformatik III der Universität Mannheim: Dipl.-Math.-Oec. Kathrin Baumann, Dipl.-Wirtsch.-Inf. Stefan Fraas, Dipl.-Wirtsch.-Inf. Axel Korthaus, Dipl.-Math. Stefan Marx und Dipl.-Inf. Christoph Tapper. Außerdem danke ich Dr. Michael Rundshagen für seine im MAOOAM-Projekt geleistete Pionierarbeit.

Auch danke ich allen am MAOOAM-Projekt beteiligten Studenten für ihre engagierte Mitarbeit. Bei den für mich relevanten Komponenten des MAOOAM*Tools* haben mitgewirkt: Michael Feix, Udo Flory, Thomas Froese, Oliver Graß, Rüdiger Müller, Oliver Pistor, Gordon Seiffart und Stefan Weber.

Schließlich möchte ich mich bei meinen Eltern – Rosmarie und Wolfgang Kuhlins – und meiner Frau Sylvia bedanken, die mich in vielfacher Hinsicht unterstützt und motiviert haben.

Mannheim, Juli 1996 *Stefan Kuhlins*

Inhaltsverzeichnis

Abbildungsverzeichnis

Tabellenverzeichnis

Abkürzungsverzeichnis

ADP	Automatic Data Propagation
ANSI	American National Standards Institute
ARM	The Annotated C++ Reference Manual
CASE	Computer Aided Software Engineering
CORBA	Common Object Request Broker Architecture
COSS	Common Object Services Specification
DMC	Data Management Component
EFD	Ereignisfolgediagramm
EIC	External Interface Component
FAQ	Frequently Asked Questions
HIC	Human Interaction Component
ISO	International Standard Organization
MAOOAM	Mannheimer objektorientierte Analysemethode
ODBMS	Object Database Management System
ODL	Object Definition Language
ODMG	Object Database Management Group
OMG	Object Management Group
OOA	Objektorientierte Analyse
OOD	Objektorientiertes Design
OOP	Objektorientierte Programmierung
PCCTS	Purdue Compiler Construction Tool Set
PDC	Problem Domain Component
SIC	System Interaction Component
STL	Standard Template Library
TMC	Task Management Component
USC	Utility Services Component
WP	Working Paper

1 Einleitung

1.1 Einbettung und Motivation

Computer werden mittlerweile in den verschiedensten Bereichen erfolgreich eingesetzt. Dabei gehören zur Hardware ebenso leistungsfähige Middle- und Software. Im Gegensatz zur Hardwareentwicklung, bei der nahezu alle zwei Jahre eine Verdoppelung der Leistung erzielt wird, sind die Fortschritte bei der Softwareentwicklung eher bescheiden. Bereits seit der zweiten Hälfte der sechziger Jahre ist daher von der sogenannten *Softwarekrise* die Rede, die u. a. durch fehlerhafte und schlecht konzipierte Programme, wachsende Kosten der Softwareerstellung, Fehleinschätzungen bei großen Softwarekomplexen, fehlende Konstruktionsprinzipien zur Programmerstellung und hohe Kosten der Wartung gekennzeichnet ist (vgl. Stetter 1987). Die objektorientierte Softwareentwicklung ist ein Ansatz zur Überwindung der Softwarekrise.

Kennzeichen des objektorientierten Ansatzes ist das Denken in Objekten des Problembereichs. Eine Menge gleichartiger Objekte, die gleiche Eigenschaften und Verhaltensweisen besitzen, werden mittels einer Klasse beschrieben. Jede Klasse wird zunächst möglichst originalgetreu in einem objektorientierten Analysemodell des Problembereichs abgebildet. Da das Analysemodell unabhängig von der Programmiersprache ist, wird im nächsten Schritt ein auf die eingesetzte Programmiersprache zugeschnittenes objektorientiertes Designmodell erstellt. Dieses wird schließlich in einer objektorientierten Programmiersprache implementiert. Der objektorientierte Entwicklungsprozeß gliedert sich demnach im wesentlichen in die drei Phasen *objektorientierte Analyse* (OOA), *objektorientiertes Design* (OOD) und *objektorientierte Programmierung* (OOP) (vgl. z. B. Coleman et al. 1994 und Eliëns 1995), wobei die Grenzen zwischen den Phasen fließend und die Übergänge nahtlos sind. Dadurch korrespondieren die Objekte des Problembereichs direkt mit denen des Programms.

Die drei Phasen sind aber nicht wie beim Wasserfallmodell (Boehm 1976) der klassischen Softwareentwicklung streng getrennt, sondern die nächste Phase kann bereits in Angriff genommen werden, wenn die vorhergehende Phase noch nicht abgeschlossen ist. Indem die einzelnen Klassen weitestgehend unabhängig voneinander die drei Phasen durchlaufen, verläuft die Entwicklung beim objektorientierten Ansatz parallel. Die in späteren Phasen gewonnenen Erkenntnisse führen zu Verbesserungen in den früheren. Ein Modell, das dies gut wiedergibt, ist das *Baseball-Modell* (Coad und Nicola 1993, siehe Abbildung 1.1).

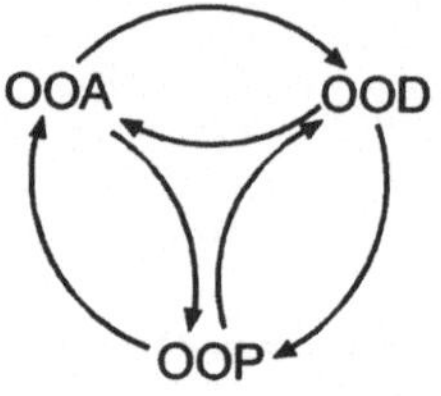

Abbildung 1.1: Baseball-Modell
Quelle: Coad und Nicola (1993)

„Eine qualitäts-, termin-, und kostengerechte Erstellung von Softwareprodukten ist nur möglich, wenn moderne Softwareentwicklungssysteme und -werkzeuge eingesetzt werden." (Balzert 1985) Ein Programm zur computerunterstützten Softwareentwicklung heißt *CASE-Tool* für *Computer Aided Software Engineering* (vgl. z. B. McClure 1989).

Am Lehrstuhl für Wirtschaftsinformatik III der Universität Mannheim wird das *MAOOAM*Tool* entwickelt, das die Mannheimer objektorientierte Analysemethode unterstützt (Schader und Rundshagen 1996). Dieses Tool war zunächst ein Upper-CASE-Tool, das lediglich die Analysephase abdeckte. Die Voraussetzung für eine breite Unterstützung des gesamten Softwareentwicklungsprozesses ist aber eine Kombination aus Upper- und Lower-CASE-Tool, das auch die Design- und Implementationsphase behandelt (Henrich et al. 1995).

Die vorliegende Arbeit liefert die theoretische Basis zur Generierung von C++-Programmcode ausgehend von statischen OOA-Modellen des Problembereichs. Dazu werden im OOD die für die Codegenerierung benötigten Informationen erarbeitet. Eine grafische Designnotation ergänzt die Analysenotation um C++-spezifische Elemente, so daß in Verbindung mit der Codegenerierung eine Art „visuelle" Programmierung möglich ist. Dabei können wenige Mausklicks im Designmodell aufwendige C++-Texteingaben ersetzen, wodurch eine höhere Produktivität erzielt wird.

Eine prototypische Implementation soll das MAOOAM*Tool* vervollständigen, so daß das CASE-Tool den kompletten Softwareentwicklungszyklus abdeckt; denn: *„Without code-generation capabilities, an OOA/OOD CASE tool becomes little more than an electronic Etch-a-Sketch."* (Yourdon et al. 1995)

Aus den für die Implementation zur Verfügung stehenden objektorientierten Programmiersprachen wurde C++ ausgewählt, weil die Sprache sehr weit verbreitet (Eliëns 1995) und ein De-facto-Standard in vielen Anwendungsbereichen ist (Booch 1994).

1.2 Design

Die drei Phasen Analyse, Design und Implementation gehen nahtlos ineinander über. Daher ist es wenig überraschend, daß unterschiedliche Sichtweisen bezüglich der Abgrenzung der Designphase existieren, je nachdem ob das Design mehr zur Analyse oder Implementation gezählt wird. Eine Zweiteilung der Designphase in *logisches* und *physisches Design* bringt dies deutlich zum Ausdruck (Yourdon et al. 1995). Während das logische Design ebenso wie die Analyse technische Details – hier ist insbesondere die Programmiersprache zu nennen – offen läßt, werden dagegen beim physischen Design die technischen Entscheidungen bezüglich spezieller Hardware und Software getroffen. In dieser Arbeit wird *Design* im Sinne von physischem Design verstanden.

1.3 Codegenerierung

Mit Hilfe der Daten, die in den Phasen Analyse und Design erfaßt werden, ist es möglich, die Funktionsrümpfe der meisten Standardelementfunktionen zu generieren. Wenn die anderen Funktionsrümpfe, die von Programmierern zu implementieren sind, im Repository, das zur Verwaltung der Projektdaten dient, gespeichert werden, kann der komplette Programmcode automatisch erzeugt werden.

Die Codegenerierung führt zu einer Produktivitätssteigerung, weil die Programmierer von stumpfsinnigen Routineaufgaben – in C++ beispielsweise dem Schreiben von Konstruktoren, Standardoperatoren u. ä. – entlastet werden und sich auf den Problembereich konzentrieren können (vgl. auch Keller 1995). Außerdem können Umsetzungs- und typographische Fehler vermieden werden (Dixon 1992), die gerade in C++ häufig dadurch auftreten, daß Teile der Klassendeklaration bei ihrer Definition wiederholt werden müssen. Durch die Vorgabe getesteter Codegerüste, wie z. B. Design-Patterns (Gamma et al. 1995), kann zusätzlich die Qualität verbessert werden.

Im Sinne des Baseball-Modells ist es erstrebenswert, möglichst früh Rückmeldungen aus der Implementationsphase zu erhalten, um mit den gewonnenen Erkenntnissen die Analyse- und Designergebnisse zu verbessern. Dazu ist die Erstellung von Prototypen hilfreich, mit denen die entworfenen Klassen getestet werden können. Ein Codegenerator kann solche Prototypen erzeugen, indem er sinnvolle Annahmen bezüglich noch nicht festgelegter Spezifikationen trifft.

Durch entsprechende Einstellungen gesteuert (siehe Abschnitt 11.3) können unterschiedliche *Programmiertextstile* unterstützt werden, die sich durch das Layout des Programmtextes in bezug auf Einrückungen usw. unterscheiden. Die Programmcodegerüste geben dabei den Rahmen vor, in dem Programmierer tätig werden. Auf diese Weise wird die Standardisierung von Programmiertextstilen gefördert, was wiederum der Softwarewiederverwendung zugute kommt, da der Programmtext so gestaltet ist, als ob ihn der Programmierer selbst geschrieben hätte.

Als interessantem Nebenaspekt kommt generiertem Programmcode eine Vorbildfunktion für Lernende zu. Diesen wird vorgeführt, wie die vielfältigen Möglichkeiten der Sprache C++ sinnvoll genutzt werden können.

1.4 Gliederung

Grundlage des objektorientierten Designs sind die Ergebnisse der vorher durchgeführten objektorientierten Analyse. In Kapitel 2 werden deshalb die einzelnen MAOOAM-Konstrukte und ihre grafische Notation nach Schader und Rundshagen (1996) kurz vorgestellt, wobei der Schwerpunkt auf dem statischen Analysemodell für den Problembereich liegt. Außerdem wird eine einfache Depotverwaltung einer Bank modelliert (siehe Abschnitt 2.1.10), die im gesamten Text zur Illustration dienen.

Die Kapitel 3 bis 8 enthalten das objektorientierte Design für C++. Dort werden für die aus der Analyse bekannten Konstrukte diejenigen zusätzlichen Informationen zusammengestellt, die für die Umsetzung in C++ notwendig sind. Außerdem werden mögliche Implementationen und Programmiertechniken in C++ aufgezeigt, die als Vorlage zur Codegenerierung dienen. Ergänzend werden Hinweise zur Gestaltung der Benutzungsoberfläche der Designkomponente des MAOOAM**Tools* gegeben. Die Zusammenfassungen am Ende der jeweiligen Kapitel geben einen Überblick über den Stand des Tools und bilden eine Art Pflichtenheft für die weitere Implementation.

In Kapitel 3 werden zunächst Bezeichner und Datentypen untersucht, auf die in den folgenden Kapiteln zurückgegriffen wird. Außerdem wird auf Nachrichtenverbindungen und Subjekte eingegangen. Klassen sind Gegenstand des Kapitels 4. Attribute folgen in Kapitel 5 und Methoden in Kapitel 6. Vererbungsbeziehungen werden in Kapitel 7 untersucht, und das Kapitel 8 beschäftigt sich mit Aggregations-, Objekt- und Benutztbeziehungen.

Für MAOOAM existiert eine grafische Analysenotation. Diese Notation wird in Kapitel 9 erweitert, damit sich auch die zur Codegenerierung benötigten Desigininformationen grafisch darstellen und bearbeiten lassen. Dabei ist das Ziel die Entwicklung einer grafischen Designnotation für codegenerierende CASE-Tools, die gegenüber C++-Programmcode mehr Übersicht und effektivere Bearbeitungsmöglichkeiten bietet.

Zur Qualitätssicherung werden von einigen gängigen Analyse- bzw. Designmethoden Zusicherungen in Form von Klasseninvarianten, Vor- und Nachbedingungen eingesetzt. Im Gegensatz zu anderen Programmiersprachen unterstützt C++ dieses Konzept nicht. In Kapitel 10 wird gezeigt, wie sich Zusicherungen mit C++-Sprachmitteln simulieren lassen, so daß der Codegenerator die fehlende Sprachunterstützung kompensieren kann.

In Kapitel 11 werden allgemeine Anforderungen an C++-Codegeneratoren formuliert. Dazu zählen u. a. das Einbinden von Header-Dateien, das Anordnen der Klassenelemente und die Gestaltung des Layouts des Programmcodes.

Die prototypische Implementation der erarbeiteten theoretischen Konzepte und ihre Integration in das MAOOAM*Tool* werden in Kapitel 12 vorgestellt. Mit Hilfe von Abbildungen, die den jeweiligen Bildschirminhalt während einer Testsitzung zeigen, wird ein erster Eindruck des Prototyps vermittelt.

Für die Zukunft geplante Erweiterungen werden in Kapitel 13 aufgezeigt. Dazu zählen das „Reverse-Engineering“ von C++-Programmcode, die Wiederverwendung von Klassen und das Simulieren einer „Garbage-Collection“ für C++.

Kapitel 14 faßt die Ergebnisse der Arbeit zusammen und enthält einen Ausblick auf mögliche Weiterentwicklungen des MAOOAM*Tools*.

Im Anhang befindet sich der komplette C++-Programmcode für das Depotbeispiel.

Die grundlegenden Konzepte der Objektorientierung und der Programmiersprache C++ werden in dieser Arbeit nicht näher erläutert. Hierzu sei auf die Bücher „Objektorientierte Systemanalyse“ von Schader und Rundshagen (1996) bzw. „Programmieren in C++“ von Schader und Kuhlins (1995) verwiesen. Die dort eingeführte Terminologie wird auch hier verwendet.

Zur Definition der Programmiersprache C++ wurde neben dem *Working Paper* (WP) des ANSI/ISO-Komitees auch *The Annotated C++ Reference Manual* (ARM) herangezogen. Wie in der C++-Literatur üblich wird jeweils auf einen Abschnitt in beiden Werken verwiesen. Die Quellenangabe für den Aufbau von C++-Bezeichnern lautet daher ARM §2.3 bzw. WP §2.7. Die *Frequently Asked Questions* (FAQ) von Cline und Lomow (1995) werden mit ihrer Nummer zitiert, z. B. FAQ 1.

2 Die Mannheimer objektorientierte Analysemethode

Die Voraussetzung für eine erfolgreiche Codegenerierung ist, daß alle dazu benötigten Daten im Designmodell bereitstehen. Dieses setzt wiederum auf dem OOA-Modell für den Problembereich auf. In diesem Kapitel sollen deshalb die für die Codegenerierung relevanten Daten von MAOOAM, so wie sie in Schader und Rundshagen (1996) definiert sind, beschrieben werden. Für jedes dort eingesetzte Konstrukt wird später eine geeignete Umsetzung in C++ entwickelt. Außerdem wird die grafische Notation der Konstrukte vorgestellt, die für das grafische Designmodell in Kapitel 9 erweitert wird. Zur Illustration dient das in Abschnitt 2.1.10 eingeführte Beispiel einer einfachen Depotverwaltung für eine Bank.

Ein vollständiges Analysemodell beinhaltet das statische, das dynamische und das funktionale Modell des zu modellierenden Systems (Schader und Rundshagen 1996).

2.1 Das statische Modell

„Das statische Modell soll .. die Klassen des Systems, deren Struktur, die Eigenschaften der Klassenobjekte, ... die Beziehungen und die Kommunikation zwischen den Objekten beschreiben." (Schader und Rundshagen 1996)

2.1.1 Klassen

Für eine Klasse werden der Name, der Typ – abstrakt oder nicht – und die Beschreibung angegeben. Des weiteren kann sie beliebig viele Attribute und Methoden besitzen.

Grafisch werden Klassen durch Rechtecke mit abgerundeten Ecken dargestellt (Schader und Rundshagen 1996). Die zu einer nicht abstrakten Klasse gehörenden Objekte werden durch eine zweite, dünne Linie symbolisiert, die das Klassensymbol umrandet. Ein Klassensymbol enthält drei durch waagerechte Linien voneinander getrennte Sektionen: oben den Klassennamen, in der Mitte die Attribute und unten die Methoden. Hat die Klasse keine Attribute, bleibt die mittlere Sektion leer, hat sie keine Methoden, die untere.

2.1.2 Attribute

Für ein Attribut werden der Name, der Datentyp (ggf. mit Wertebereich) und die Beschreibung angegeben. Dabei wird der Datentyp programmiersprachenunabhängig umschrieben und muß insbesondere nicht unmittelbar mit einem C++-Datentyp korrespondieren. Im grafischen Modell wird allein der Name aufgeführt.

2.1.3 Methoden

Für eine Methode werden der Name, die Parameter (jeweils mit ihrem Namen und ihrem Datentyp), der Datentyp des Rückgabewerts (sofern vorhanden) und eine kurze Beschreibung angegeben. Auch hier sind die Datentypen wie bei den Attributen nur programmiersprachenunabhängige Umschreibungen. Im grafischen Modell wird lediglich der Methodenname dargestellt.

2.1.4 Vererbungsbeziehungen

Zu einer Vererbungsbeziehung gehören eine Basisklasse und mindestens eine davon abgeleitete Klasse. In abgeleiteten Klassen werden geerbte Methoden nur wiederholt, wenn sie überschrieben werden (Schader und Rundshagen 1996).

Grafisch wird eine Vererbungsbeziehung durch eine Verbindungslinie mit einem Halbkreis zwischen dem Klassensymbol der Basis- und der abgeleiteten Klasse dargestellt (Schader und Rundshagen 1996). Dabei setzt die Linie an der Basisklasse unten und an der abgeleiteten Klasse oben an.

2.1.5 Objektbeziehungen

Eine Objektbeziehung besteht – wie der Name bereits andeutet – zwischen Objekten. Für jede Beziehung werden die Beschreibung, die beiden beteiligten Klassen, die zugehörigen Rollen und Kardinalitäten mit ihrem Typ (geordnet oder ungeordnet) angegeben. Eine Beziehung zwischen Objekten derselben Klasse ist möglich. In MAOOAM werden ausschließlich zweistellige Beziehungen modelliert (Schader und Rundshagen 1996).

Grafisch werden Objektbeziehungen mittels einer einfachen Verbindungslinie zwischen den Objektumrandungen (bei abstrakten Klassen der Klassenumrandung) der beteiligten Klassen dargestellt. Die Linie setzt seitlich an den Symbolen an. Zur Beschriftung der Linien können die Rollen, Kardinalitäten und der Typ herangezogen werden.

2.1.6 Aggregationsbeziehungen

Zu einer Aggregationsbeziehung werden die Gesamtheits- und die Teilklasse, die zugehörigen Kardinalitäten mit ihrem Typ (geordnet oder ungeordnet) und eine Beschreibung angegeben. Außerdem werden drei Typen unterschieden (Schader und Rundshagen 1996):

- physisch existent,

- Container-Inhalt und
- konzeptionell.

Grafisch wird eine Aggregationsbeziehung durch eine Verbindungslinie mit einem Dreieck zwischen den Objektumrandungen (bei abstrakten Klassen der Klassenumrandung) der Gesamtheits- und der Teilklasse repräsentiert. Der Typ wird grafisch nicht dargestellt. Die Linie setzt am Symbol der Gesamtheitsklasse unten und an der Teilklasse oben an und kann mit den Kardinalitäten beschriftet werden.

2.1.7 Kardinalitäten

Kardinalitäten geben die Anzahl der an einer Objekt- oder Aggregationsbeziehung beteiligten Objekte an (Schader und Rundshagen 1996). Im grafischen Modell werden sie in der Nähe der Klassensymbole an die Verbindungslinien geschrieben.

`1`	genau ein Objekt
`0,1`	höchstens ein Objekt
`1,n`	mindestens ein Objekt
`0,n`	beliebig viele Objekte
`k`	genau `k` Objekte
`a,b`	mindestens `a` und höchstens `b` Objekte

2.1.8 Nachrichtenverbindungen

Zu einer Nachrichtenverbindung gehören ein Sender und ein Empfänger. Für jede Nachrichtenverbindung werden die Klasse des Senders und des Empfängers, die Namen der aufgerufenen Methoden und die Beschreibung angegeben. Außerdem wird festgehalten, ob die Nachricht an die Objekte oder die Klasse geht.

Grafisch werden Nachrichtenverbindungen durch einen Pfeil von der Objektumrandung der Senderklasse zur Objektumrandung bzw. dem Klassensymbol der Empfängerklasse dargestellt. Der Pfeil kann mit den Namen der aufgerufenen Methoden beschriftet werden und setzt seitlich an den Symbolen an (Schader und Rundshagen 1996).

Nachrichtenverbindungen bringen dynamische Aspekte in das statische Modell ein. Es sollten nur einige wenige Nachrichtenverbindungen eingezeichnet werden, die von essentieller Bedeutung für das modellierte System sind und somit zum besseren Verständnis beitragen. Damit das grafische Modell übersichtlich bleibt, ist es nicht sinnvoll, alle Nachrichtenverbindungen darzustellen, denn zum Senden einer Nachricht muß der Empfänger bekannt sein, so daß in der Regel bereits eine Beziehung besteht, die auch im Modell dokumentiert wird. Umgekehrt wird eine Beziehung in den meisten Fällen auch zum Versenden von Nachrichten genutzt werden. Beides führt dazu, daß regelmäßig Beziehungen und Nachrichtenverbindungen zusammen vorliegen und daher auf das Einzeichnen vieler Nachrichtenverbindungen verzichtet werden kann.

2.1.9 Subjekte

Für Subjekte, die der Zerlegung eines großen Systems in kleine Teilsysteme mit konzeptionell zusammengehörigen Klassen dienen, werden der Name und die Nummer angegeben. Sie können beliebig viele andere Subjekte und Klassen enthalten.

Grafisch umrahmen sie die zu ihnen gehörenden Subjekte und Klassen. Sie werden mit ihrer Nummer und ihrem Namen beschriftet (Schader und Rundshagen 1996).

2.1.10 Beispiel Depotverwaltung

In diesem Abschnitt wird ein Modell für eine einfache Depotverwaltung einer Bank entworfen, in dem viele der in den vorhergehenden Abschnitten beschriebenen Konstrukte eingesetzt werden. Dieses Beispiel wird im Laufe der Arbeit immer wieder zur Illustration aufgegriffen. Zunächst erfolgt die Problembeschreibung.

Eine Bank hat beliebig viele Kunden. Diese Bankkunden werden mit ihrem Namen und ihrer Adresse bei der Bank geführt. Wenn ein Kunde erstmals Wertpapiere kauft, wird für ihn ein Depot eröffnet, in das seine Wertpapiere aufgenommen werden. Im Depot enthaltene Wertpapiere kann der Kunde verkaufen. Außerdem kann er einen Depotauszug abfragen oder das Depot auflösen, wobei das Depot entweder bereits leer sein muß oder alle noch enthaltenen Wertpapiere verkauft werden. (Die hier modellierte Bank führt pro Kunde höchstens ein Depot.)

Ein Depot hat eine eindeutige Nummer, die von der Bank vergeben wird. Zu jedem Depot gehört genau ein Kunde. Für ein Depot können Wertpapiere ge- oder verkauft werden. Außerdem können ein Auszug erstellt, der Gesamtkurswert und die Gebühren ermittelt werden. Die Anzahl der Posten des Depots ist beliebig. Kurzfristig ist auch ein leeres Depot möglich, z. B. weil der letzte Posten zwar entnommen wurde, aber in naher Zukunft neue Posten geplant sind, so daß eine zwischenzeitliche Auflösung nicht sinnvoll wäre.

Ein Posten gehört zu genau einem Depot. In ihm wird die Stückzahl eines Wertpapiers vermerkt. Beim Kauf von Wertpapieren wird die Stückzahl erhöht und beim Verkauf entsprechend vermindert. Für jeden Posten können der Wert und die anfallenden Gebühren berechnet werden.

Die hier betrachtete Bank hat sich auf festverzinsliche Wertpapiere und Aktien spezialisiert. Beide besitzen eine Wertpapierkenn-Nummer, einen Emittenten, einen Nenn- und einen Kurswert. Für beide Wertpapierarten fallen Gebühren an. Darüber hinaus haben festverzinsliche Wertpapiere einen Zinssatz und eine Fälligkeit. Aktien verfügen statt dessen über eine Dividende. Für sie kann eine Kursprognose erstellt werden. Der Kurswert wird für Aktien in DM und für festverzinsliche Wertpapiere in Prozent angegeben.

Die Depotgebühren berechnen sich aus der Anzahl der Aktien und dem Nennwert der festverzinslichen Wertpapiere. Pro Aktie sind 0,30 DM und für jedes festverzinsliche Wertpapier sind pro 100 DM Nennwert 0,15 DM zu zahlen. Es gibt eine Mindestgebühr für die einzelnen Depotposten in Höhe von 5 DM und das Depot von 25 DM.

In Abbildung 2.1 ist das statische Analysemodell des Problembereichs in der grafischen Notation von MAOOAM dargestellt. Dieses Modell wird im folgenden beschrieben.

Die Klasse `Depot` hat die Attribute `Nummer` und `Mindestgebühr`. Letztere ist für alle Depots die gleiche. Es handelt sich dabei um ein Attribut, das zur Klasse selbst und nicht zu den einzelnen Objekten der Klasse gehört. Dies geht aus dem grafischen Modell nicht hervor. Die Methoden des Depots umfassen das Kaufen und Verkaufen von Wertpapieren, das Erstellen eines Depotauszugs sowie das Ermitteln des Gesamtkurswerts und der Depotgebühren.

Zu jedem Depot gehört genau ein Bankkunde. Ein Kunde der Bank kann wiederum höchstens ein Depot besitzen. Die hier relevanten Attribute sind der Name und die Adresse, damit z. B. Depotauszüge zugesandt werden können. Die Tätigkeiten eines Bankkunden umfassen das Kaufen und Verkaufen von Wertpapieren, das Abfragen von Depotauszügen und das Auflösen eines vorhandenen Depots. Kauft ein Kunde ohne Depot Wertpapiere, wird ein Depot angelegt.

Da die Klasse `Bankkunde` über Eigenschaften verfügt, die auch für andere Kunden (beispielsweise Versicherungskunden) typisch sind, wäre die Einführung einer (evtl. abstrakten) Klasse `Kunde` denkbar. Ein Bankkunde wäre dann als ein spezieller Kunde realisierbar. Für die hier angestellten Betrachtungen ist dies aber unerheblich.

Ein Depot hat beliebig viele Posten, wobei jeder Posten zu genau einem Depot gehört. Das Attribut `Stück` gibt an, wie viele Wertpapiere derselben Art der Posten enthält. Die Mindestgebühr ist für alle Posten gleich. Es handelt sich hier wie bei der Mindestgebühr für die Depots um ein Attribut, das zur Klasse gehört. Für einen Posten kann der Kurswert ermittelt werden, indem der Wert des zugehörigen Wertpapiers mit der Stückzahl multipliziert wird. Ebenso läßt sich die Gebühr berechnen, indem die Gebühr für das Wertpapier mit der Stückzahl multipliziert wird. Die Stückzahl wird durch Kaufen und Verkaufen von Wertpapieren erhöht bzw. vermindert.

Ein Posten ist mit genau einem Wertpapier verknüpft. Die abstrakte Klasse `Wertpapier` hat die Attribute `Kenn-Nummer`, `Emittent`, `Nennwert`, `Kurswert` und `Gebühr`. Die Methode `gib Wert` soll den aktuellen Wert des Papiers lie-

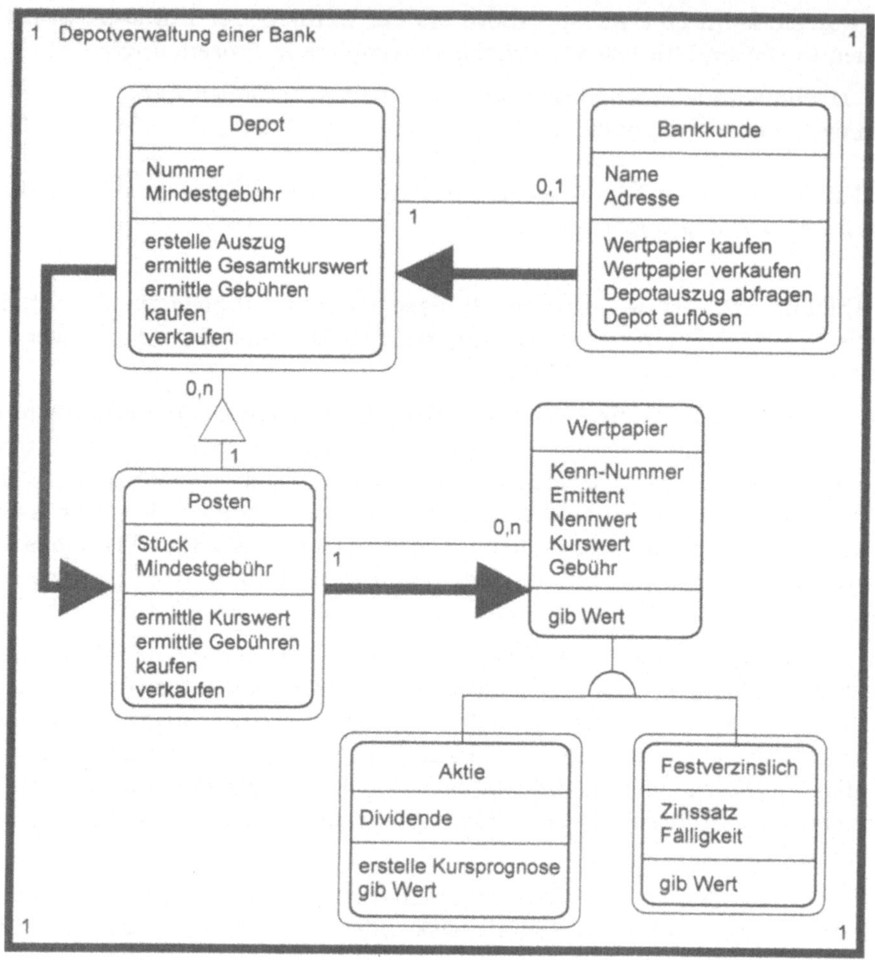

Abbildung 2.1: Depotbeispiel in der grafischen Analysenotation

fern und muß in abgeleiteten Klassen überschrieben werden. Die Spezialisierungen der Klasse `Wertpapier` sind die Klassen `Aktie` und `Festverzinslich`. Eine Aktie hat das Attribut `Dividende`. Es kann für sie eine Kursprognose erstellt werden, und sie kann ihren aktuellen Kurswert liefern. Ein festverzinsliches Wertpapier hat einen Zinssatz und eine Fälligkeit. Der aktuelle Wert kann berechnet werden.

Die Gebühr, die für ein Wertpapier zu entrichten ist, wurde als Attribut in die Klasse `Wertpapier` aufgenommen. Dieses Attribut wird an die abgeleiteten Klassen `Aktie` und `Festverzinslich` vererbt. In diesen Klassen wird es jeweils für alle Objekte denselben Wert haben. Die zugehörige Methode `gib Gebühr` wurde nicht dargestellt, weil es sich dabei um eine „implizite" Methode (siehe Abschnitt 6.12) handelt, die lediglich einen Wert liefert.

Die eingezeichneten Nachrichtenverbindungen sind Teil der typischen Anfragen eines Kunden. Er kann Wertpapiere kaufen und verkaufen, einen Depotauszug abfragen und sein Depot auflösen. Im Zuge der Erfüllung seiner Aufträge schickt das Depot Nachrichten an seine Posten, in denen z. B. der Kurswert ermittelt wird. Dazu wendet sich der Posten wiederum an das zugehörige Wertpapier, welches eine Aktie oder ein festverzinsliches Wertpapier ist.

2.1.11 Klassenspezifikationen

Die Spezifikation einer Klasse stellt eine *„inhaltliche Ergänzung zu den Diagrammen des statischen Modells"* dar (Schader und Rundshagen 1996). Sie enthält die Datentypen für Attribute, Methodenparameter und -funktionswerte. Außerdem werden die oben angesprochenen Beschreibungen für Klassen, Attribute, Methoden, Nachrichtenverbindungen, Objekt- und Aggregationsbeziehungen erfaßt. Aussagekräftige Namen für Klassen, Attribute und Methoden lassen manche Beschreibung allerdings entbehrlich erscheinen, sofern dort keine zusätzlichen Informationen enthalten sind.

Sämtliche zu einem Analysemodell gehörenden Daten werden im Repository eines CASE-Tools gespeichert. Klassenspezifikationen und grafisches Modell sind zwei Sichten auf die Daten, deren Konsistenz durch das Tool gewährleistet wird. Ohne Unterstützung durch ein CASE-Tool ist die Pflege von Klassenspezifikationen und grafischem Modell mühsam und fehleranfällig.

Exemplarisch wird die Klassenspezifikation der Klasse `Posten` des Depotbeispiels angegeben.

Klasse: Posten

Spezialisierungen:	keine
Generalisierungen:	keine
Beschreibung:	Einzelposten eines Depots. Dient zur Angabe der Stückzahl eines Wertpapiers.
Teilklassen:	keine
Attribute:	
(1)	Stück
Datentyp:	ganze Zahl, größer Null
Beschreibung:	Gibt an, wie viele Wertpapiere eines bestimmten Typs im Depot sind.
(2)	Mindestgebühr
Datentyp:	Gleitpunktzahl (Betrag in DM)
Beschreibung:	Für einen Posten ist zumindest diese Gebühr zu entrichten.

Objektverbindungen:

(1)	Verbindung zu Wertpapier
Kardinalitäten:	Posten 1 – Wertpapier 0,n
Beschreibung:	Liefert den Typ des gekauften Wertpapiers.

Methoden:

(1)	ermittle Kurswert
Parameter:	keine
Funktionswert:	Gleitpunktzahl (Betrag in DM)
Beschreibung:	Sendet die Nachricht „gib Wert" an das zugehörige Wertpapier und multipliziert die Stückzahl mit diesem Wert.
(2)	ermittle Gebühren
Parameter:	keine
Funktionswert:	Gleitpunktzahl (Betrag in DM)
Beschreibung:	Sendet die Nachricht „gib Gebühr" an das zugehörige Wertpapier und multipliziert die Stückzahl mit diesem Wert.
(3)	kaufen
Parameter:	ganze Zahl, größer Null
Funktionswert:	kein
Beschreibung:	Erhöht die Stückzahl um die angegebene Menge.
(4)	verkaufen
Parameter:	ganze Zahl, größer Null
Funktionswert:	kein
Beschreibung:	Vermindert die Stückzahl um die angegebene Menge.

Nachrichtenverbindungen:

(1)	Verbindung zu Wertpapier
Methoden:	gib Wert, gib Gebühr
Parameter:	keine
Funktionswert:	Gleitpunktzahl (Betrag in DM)
Beschreibung:	Fordert das Wertpapier auf, seinen aktuellen Wert bzw. die fälligen Gebühren zu liefern.

2.2 Das dynamische Modell

Das dynamische Modell beschreibt das Verhalten von Objekten und die Veränderung ihrer Attributwerte und Beziehungen im Zeitablauf (Schader und

Rundshagen 1996). Dazu werden Szenarios verbal beschrieben, die eine hypothetische Aufeinanderfolge von Ereignissen enthalten. Die grafische Darstellung von Szenarios erfolgt in Ereignisfolgediagrammen. Darauf aufbauend lassen sich Zustandsdiagramme der Klassen formulieren, die den kompletten Objektlebenszyklus abbilden. In ihnen erfolgen Zustandsübergänge infolge von Nachrichten, die ein Objekt der abgebildeten Klasse erhält. Einem solchen Methodenaufruf entspricht ein Ereignis.

2.2.1 Szenarios und Ereignisfolgediagramme

Szenarios selbst sind für die automatische Codegenerierung unbrauchbar, da sie im Gegensatz zu Ereignisfolgediagrammen nicht formalisiert sind. Ereignisfolgediagramme (Schader und Rundshagen 1996) informieren über die aufgerufenen Methoden und die Reihenfolge der Aufrufe. Sie können zur Generierung von Vorgaben für Methodenrümpfe benutzt werden. Allerdings ist dies in den meisten Fällen lediglich die Basis, deren Ausgestaltung den Programmierern obliegt.

> *„Method skeletons for computational (i. e., nontrivial) methods can be generated from other models, such as state models and object messaging models, although I think that the best way to produce most algorithmic method body code is probably to write it manually."* (Rumbaugh 1996)

Für das Depotbeispiel sind folgende Szenarios denkbar:

<u>Szenario A:</u> Der Kunde Kostolany kauft zehn SAP-Aktien. Es wird geprüft, ob er bereits ein Depot besitzt. Weil er noch kein Depot hat, wird eines eröffnet. Anschließend wird der Posten 1 erzeugt, in den die Aktien aufgenommen werden.

<u>Szenario B:</u> Der Kunde Kostolany verkauft fünf seiner SAP-Aktien. Die fünf Aktien werden Posten 1 entnommen. Danach wird geprüft, ob Posten 1 leer ist. Da noch fünf Aktien verblieben sind, wird der Posten nicht gelöscht.

<u>Szenario C:</u> Der Kunde Kostolany fragt einen Auszug seines Depots ab. Das Depot erstellt den Auszug, wobei es zuerst die Ausgabe der Kundendaten veranlaßt. Anschließend wird der Posten ausgegeben. Der wiederum sorgt dafür, daß die Daten der SAP-Aktie ausgegeben werden. Dann wird der Gesamtkurswert des Depots ermittelt, indem der Kurswert des Postens bestimmt wird, der sich wiederum den Kurswert der SAP-Aktie holt. Abschließend werden die Gebühren für das Depot berechnet, wozu die Gebühren für den Posten und die SAP-Aktie erfragt werden.

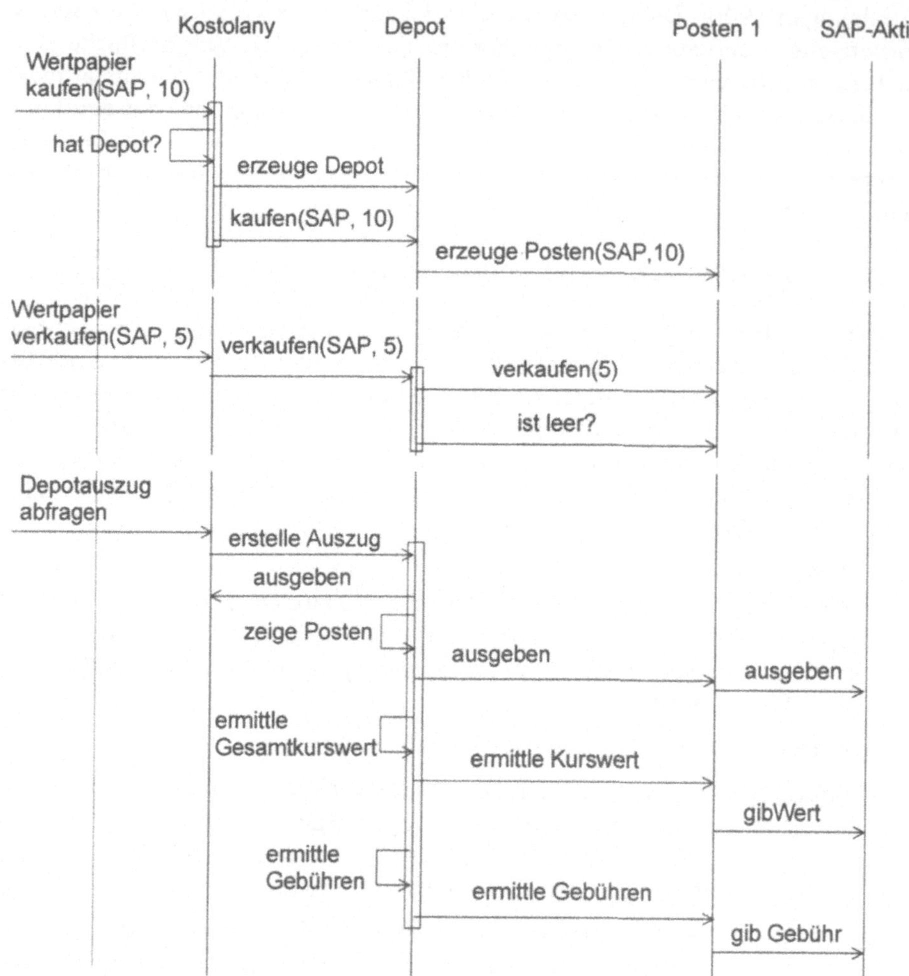

Abbildung 2.2: Ereignisfolgediagramm für das Depotbeispiel

Die zugehörigen Ereignisfolgediagramme sind zusammen in Abbildung 2.2 dargestellt, wobei auch implizite Methoden aufgeführt werden, die im statischen Analysediagramm fehlen.

Es sind noch weitere Szenarios notwendig, um alle Klassen und Methoden des statischen Modells zu berücksichtigen.

2.2.2 Zustandsdiagramme

Ob Zustandsdiagramme einen Beitrag zur Codegenerierung leisten können, ist fraglich. Ihr Wert liegt in erster Linie darin, daß sie in der Analysephase beim Auffinden von Attributen und Methoden helfen und unter Umständen zur Konsistenzprüfung benutzt werden können.

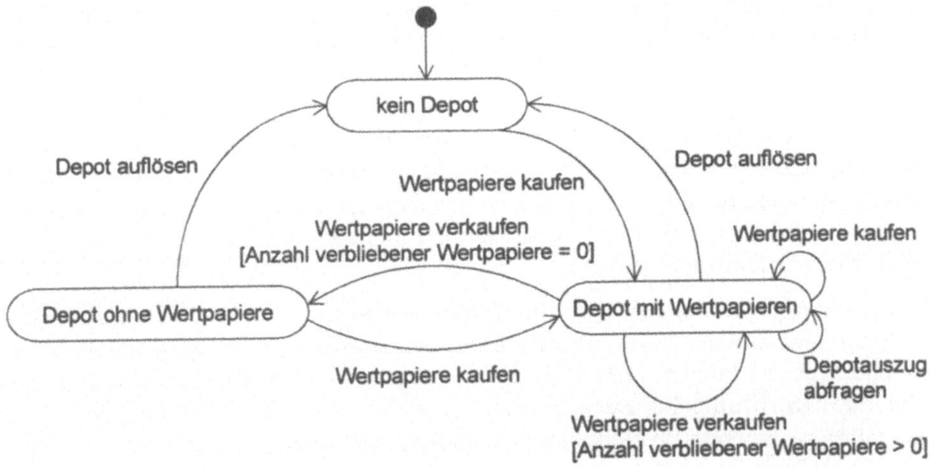

Abbildung 2.3: Zustandsdiagramm der Klasse `Bankkunde`

Grundsätzlich sollten Zustandsdiagramme ausschließlich für Klassen erstellt werden, deren Objekte ein „interessantes" dynamisches Verhalten aufweisen (Schader und Rundshagen 1996). Im Depotbeispiel gilt dies für die Klasse `Bankkunde`, deren Zustandsdiagramm in Abbildung 2.3 dargestellt ist. Zu Beginn hat ein Bankkunde noch kein Depot. Wenn er dann Wertpapiere kauft, wird ein Depot mit den gekauften Wertpapieren angelegt. Verkauft er alle seine Wertpapiere, ist sein Depot leer.

Interessant sind die aufgeführten Zustände insbesondere für die spätere Benutzungsoberfläche, weil damit die Anwählbarkeit von Menüpunkten gesteuert werden kann. Beispielsweise können keine Wertpapiere verkauft werden, wenn das Depot leer ist.

2.3 Das funktionale Modell

Im Rahmen des funktionalen Modells sollten lediglich verbale Funktionsbeschreibungen angegeben werden, die sowohl die Auftraggeber eines Softwareprojekts als auch die Programmierer verstehen. Die Beschreibungen können als Kommentare direkt in den Programmcode aufgenommen werden. Sie sollten nicht für Funktionen erfaßt werden, deren Funktionalität bereits aus dem Funktionsnamen ersichtlich ist. Dies gilt insbesondere für die Mehrzahl der impliziten Methoden.

Eine formalisierte Stufe zwischen der verbalen Funktionsbeschreibung und dem danach erstellten Programmcode ist nur sinnvoll, wenn damit automatisiert Programmcode generiert werden kann. Dazu ist eine formale Notation notwendig, die eindeutig umsetzbar ist. Auf der einen Seite ist eine solche Notation für die Auftraggeber eines Softwareprojekts in der Regel unverständlich und bringt daher keinen Nutzen für sie. Auf der anderen Seite verstehen zwar die Programmierer diese Notation, sie bringt ihnen aber gegenüber der Formulierung in einer speziellen Programmiersprache keinen zusätzlichen Nutzen. Statt dessen wirkt sich negativ aus, daß die Konsistenz mit dem Programmcode zu gewährleisten ist. Struktogramme und Pseudocodeformulierungen im funktionalen Modell sind somit nur sinnvoll, wenn Code für verschiedene Programmiersprachen generiert werden soll und dies nicht durch die Konvertierung von einer Programmiersprache in eine andere bewerkstelligt werden kann.

„*Generally formal specification and implementation of operations are a single activity and can be done directly using an object-oriented programming language.*“ (Yourdon et al. 1995) In diesem Sinne werden die Funktionsrümpfe, die die algorithmische Beschreibung der Funktionen enthalten, direkt als C++-Programmcode im Repository des MAOOAM**Tools* gespeichert.

Im folgenden wird für das Depotbeispiel die Methode `Wertpapier kaufen` der Klasse `Bankkunde` spezifiziert:

Methode:	Wertpapier kaufen
Parameter:	
(1)	Wertpapier
(2)	Stückzahl: ganze Zahl, größer Null
Funktionswert:	kein
Beschreibung:	Wenn der Kunde noch kein Depot besitzt, wird eines eröffnet. Anschließend werden die gekauften Wertpapiere in sein Depot aufgenommen.
Programmcode:	

```
void
Bankkunde::kaufen(const Wertpapier& w, Stueck s) {
  require(s > 0);
  if (!hatDepot())  // Kein Depot?
    // Ein Depot eroeffnen.
    depot = new Depot(*this);
  depot->kaufen(w, s);
}
```

3 Objektorientiertes Design für C++

Zuerst sollte die Programmiersprache bestimmt werden, für die das objektorientierte Design durchgeführt wird, denn *„language-independent design just doesn't work very well"* (Koenig 1995). Die folgenden Ausführungen beziehen sich ausschließlich auf das objektorientierte Design von C++-Programmen.

Manche Autoren meinen, daß die Implementation eines objektorientierten Analysemodells relativ unkompliziert sei.

> *„It is straightforward to implement an object class using an object-oriented programming language since most design constructs map one-to-one to language constructs."* (Yourdon et al. 1995, Hervorhebung nicht im Original)
>
> *„The implementation ... is usually straightforward."* (Eliëns 1995, Hervorhebung nicht im Original)

Es wird sich aber zeigen, daß die Relativierungen, die in den beiden Aussagen stecken, ihre Berechtigung haben. So gibt es in C++ beispielsweise keine direkte Entsprechung für Objekt- und Aggregationsbeziehungen (vgl. z. B. Cattell 1996 und Papurt 1995). Auf dem Weg von der Analyse zur Implementation ist daher ein Designschritt notwendig, bei dem die Informationen, die zur Implementation in C++ noch fehlen, ergänzt werden. Dabei genügt zunächst die Benutzung einer Untermenge der vielfältigen Ausdrucksmöglichkeiten, die die Programmiersprache C++ bietet. Allerdings wird das Potential der Sprache so nicht ausgenutzt. Deshalb müssen für die angestrebte Codegenerierung hoher Qualität weitere Informationen erfaßt werden, die Implementationsdetails abdecken, die für die Analysephase keine Rolle spielen.

Zur Erweiterung und Überarbeitung des Analysemodells gliedern Coad und Yourdon (1991a und 1991b) die Designtätigkeiten in vier Komponenten:

- PDC (*Problem Domain Component*),
- HIC (*Human Interaction Component*),
- DMC (*Data Management Component*) und
- TMC (*Task Management Component*).

Yourdon et al. (1995) schlagen zusätzlich zwei weitere vor:

- EIC (*External Interface Component*) und
- USC (*Utility Services Component*).

Die PDC enthält den eigentlichen Problembereich. Die HIC beschäftigt sich mit der Schnittstelle eines Programms zum Benutzer, der Benutzungsoberfläche. Das Speichern und Verwalten von Daten übernimmt die DMC. Die TMC ist insbesondere für Programme interessant, die Multitasking-Fähigkeiten benötigen. Diese Komponente wird von Coad, North und Mayfield (1995) zusammen mit anderen implementationsspezifischen Details in der *System Interaction Component* (SIC) geführt.

Die Schnittstelle zu externen Komponenten wird in der EIC entworfen. Die USC enthält Klassen, die zur Implementation herangezogen werden, wie z. B. Containerklassen. Meistens werden diese Klassen aus Klassenbibliotheken wiederverwendet (Yourdon et al. 1995).

Darüber hinaus gewinnen verteilte Objekte im Sinne der *Common Object Request Broker Architecture* (CORBA) der *Object Management Group* (OMG 1995) an Gewicht, so daß eine zusätzliche Komponente - evtl. DOC für *Distributed Objects Component* - ergänzt werden kann.

Diese Arbeit beschränkt sich auf die PDC, die mit den Objekten des relevanten Realweltausschnitts den wichtigsten Teil des Systems enthält. Die PDC sollte nicht von Entscheidungen bezüglich der Hardware, des Betriebssystems oder der Datenbank beeinflußt werden (Yourdon et al. 1995), wohl aber der Programmiersprache, wobei die typischerweise im Design anfallenden Veränderungen an den Analyseergebnissen so gering wie möglich ausfallen sollten.

3.1 Bezeichner

Die in der Analyse verwendeten Bezeichner (Namen) für Klassen, Attribute und Methoden unterliegen in der Regel keinen Beschränkungen. Beim Design für C++ müssen die Bezeichner dagegen den Syntaxregeln der Sprache entsprechen (ARM §2.3). Das heißt, es dürfen keine Schlüsselwörter verwendet werden und das erste Zeichen muß ein Buchstabe (`a-z`, `A-Z`) oder ein Unterstrich (`_`) sein. Die folgenden Zeichen können Buchstaben, Unterstriche und Zahlen (`0-9`) sein. Insbesondere sind keine Umlaute und Leerzeichen erlaubt. Ist ein Bezeichner, der in der Analyse gewählt wurde, unzulässig, so ist im Design ein gültiger C++-Bezeichner daraus abzuleiten. Die Umlaute `ä`, `ö`, `ü`, `Ä`, `Ö` und `Ü` können z. B. durch `ae`, `oe`, `ue`, `Ae`, `Oe`, `Ue` und `ß` durch `ss` ersetzt werden. Statt eines Leerzeichens kann beispielsweise ein Unterstrich benutzt oder der erste Buchstabe nach dem Leerzeichen groß geschrieben werden (vgl. z. B. Coad und Nicola 1993). Damit könnte aus der Methode `ermittle Gebühren` der Klasse `Depot` die Elementfunktion `ermittle_Gebuehren` oder `ermittleGebuehren` werden. Das Tool soll gemäß diesen Ausführungen zu jedem Analyse- einen geeigneten Designbezeichner vorschlagen, wobei der Benutzer einstellen kann, ob Unterstriche oder Großschreibung benutzt wird.

Eine weitere Einschränkung ist, daß ein Name – mit Ausnahme überladener Funktionsnamen – im selben Geltungsbereich nur ein Objekt bezeichnen darf. Bereits in der Analyse sollten deshalb keine zwei Klassen (desselben Subjekts) denselben Namen besitzen. Außerdem kann ein Name innerhalb einer Klasse nicht gleichzeitig für ein Datenelement und eine Elementfunktion benutzt werden (ARM §9.2).

Bezeichner, die mit einem Unterstrich _ gefolgt von einem Großbuchstaben beginnen oder zwei Unterstriche __ enthalten, sind zu vermeiden, da sie für C++-Implementationen und Standardbibliotheken reserviert sind (WP §2.8).

3.2 Datentypen

Während Datentypen in der Analysephase eine untergeordnete Rolle spielen, sind sie dagegen in einer streng typisierten Programmiersprache wie C++ von essentieller Bedeutung.

3.2.1 Datentypen der ODMG

In Zukunft werden die von Standardisierungsgremien wie der *Object Database Management Group* (ODMG) vorgeschlagenen Datentypen an Bedeutung gewinnen, weil sie über Sprachgrenzen hinweg Gültigkeit erhalten. Das Objektmodell, das dem Release 1.2 des ODMG-93 Standards (Cattell 1996) zugrunde liegt, unterstützt die Datentypen `Float`, `Double`, `Boolean`, `Octet`, `Long`, `Short`, `Unsigned Long`, `Unsigned Short`, `Char`, `String` und `Enum`. Außerdem sind die Containerklassen `Set`, `Bag`, `List` und `Array` vorgesehen. Darüber hinaus gibt es die strukturierten Typen `Date`, `Inverval`, `Time` und `Timestamp`. Zusätzlich können mittels `Struct` zusammengesetzte Typen konstruiert werden.

Wie das C++-Binding der ODMG zeigt, können alle diese Datentypen entweder direkt oder mittels Klassen aus Bibliotheken in C++ umgesetzt werden. Wenn diese Datentypen in der Analyse bei der Spezifikation von Attributen und Methoden verwendet werden, ist somit eine eindeutige Umsetzung gewährleistet. Allerdings ist fraglich, ob das in der Analyse gewünschte hohe Abstraktionsniveau damit gehalten wird, oder ob nicht doch verbale Beschreibungen der Art „ganzzahliger Wert" besser geeignet sind als z. B. `Short`.

3.2.2 Besonderheiten des ganzzahligen Datentyps `int`

In C++ stehen mehrere ganzzahlige Datentypen zur Auswahl. Der gebräuchlichste ist `int`. Für kleinere Wertebereiche bietet sich `short int` und für größere `long int` an. Werden keine negativen Werte benötigt, können diese Typen mit `unsigned` kombiniert werden. Wenn nichts oder `signed` angegeben wird, sind auch negative Werte zulässig.

Besondere Überlegung erfordert der Einsatz von `unsigned int` als Typ von Funktionsparametern bzw. des Rückgabewerts (Meyers 1995c), denn aufgrund der impliziten Konversion negativer in positive Werte können negative Werte nicht erkannt werden und zu schwer lokalisierbaren Fehlern führen. Daher sollte `unsigned int` nur für Bitoperationen eingesetzt werden. Es ist allerdings üblich, für Indizes und Längenangaben von feldähnlichen Objekten den Typ `size_t` zu verwenden (vgl. z. B. Keffer 1995), der in der Regel mittels `typedef unsigned int size_t;` definiert ist.

Im Zusammenhang mit den Datentypen

```
short int
long int
unsigned short int
unsigned int
unsigned long int
signed short int
signed int
signed long int
```

kann das Schlüsselwort `int` entfallen (WP §7.1.5.2). Die Benutzer sollen steuern können, ob das Tool die Kurzform verwendet oder nicht.

3.2.3 Komplexe Datentypen

In der Analyse werden Attribute regelmäßig mit Datentypen versehen, die auf einem gegenüber Programmiersprachen höheren Abstraktionsniveau sind. Die Adresse eines Bankkunden im Depotbeispiel ist solch ein Attribut. Sie besteht aus der Straße mit der Hausnummer und der Postleitzahl mit dem Ort.

Es ist ungünstig, die Komponenten einer Adresse einzeln zu typisieren, weil der Bezug zur Analyse verloren geht. Außerdem ist das Wiederverwendungspotential sehr gering. Besser ist es, einen eigenen Datentyp dafür zu definieren bzw. eine bereits definierte Klasse aus einer Klassenbibliothek wiederzuverwenden.

Wenn der neu geschaffene Datentyp nicht über spezifisches Verhalten verfügt, genügt ein `struct`, in dem die einzelnen Komponenten zusammengefaßt werden.

```
struct Adresse {
  string strasse; // Strasse und Hausnummer
  string ort;     // Postleitzahl und Ort
};
```

Die Initialisierung eines Objekts bzw. Datenelements des Typs `Adresse` ist mühsam, weil den beiden Datenelementen explizit Werte zugewiesen werden müss n. Ähnlich umständlich ist die Ausgabe einer Adresse. Deshalb ist hier – wie in den meisten Fällen – die Definition einer Klasse mit Elementfunktionen vorteilhafter.

```
class Adresse {
public:
  Adresse(const string& strNr, const string& plzOrt);
  friend ostream& operator<<(ostream&, const Adresse&);
  // ...
private:
  string strasse;   // Strasse und Hausnummer
  string ort;       // Postleitzahl und Ort
};
```

Die Klasse kann anschließend von der Klasse Bankkunde verwendet werden.

```
class Bankkunde {
  // ...
  Adresse adr;
};
```

Da davon auszugehen ist, daß Adressen auch in anderen Programmen (beispielsweise für Firmenadressen) benötigt werden, sollte die Klasse Adresse zur Wiederverwendung in eine Klassenbibliothek aufgenommen werden (vgl. Abschnitt 13.2).

3.2.4 Abgeleitete Datentypen und typedef

In C++ können komplexe Datentypen aus einfachen abgeleitet werden. Zwar ist die Position des Bezeichners innerhalb solcher Typangaben prinzipiell eindeutig bestimmbar (ARM §8.1), jedoch ist dies nicht trivial. Ein kleines Beispiel soll das verdeutlichen.

Welches Objekt (a, b, c, d oder e) wird hier deklariert?

```
void(*a(void(*b)(double c), double d))(double e);
```

An welcher Stelle ist der Name des zu deklarierenden Objekts einzusetzen?

```
void(*(void(*)(double), double))(double);
```

Wegen dieser praktischen Schwierigkeiten erfaßt das Tool solche Konstrukte als Zeichenkette, die nicht weiter bearbeitet wird, so daß der Benutzer für die korrekte Positionierung verantwortlich ist.

Vereinfachungen sind mittels typedef möglich, was auch die Lesbarkeit erhöht. Das obige Beispiel wird damit zu:

```
typedef void(*B)(double);
typedef B A(B, double);
A a;
```

Die Benutzer des Tools werden deshalb dazu angehalten, entsprechende Typdefinitionen vorzunehmen, damit sämtliche Objektdeklarationen in der Form T t; geschrieben werden können. Für lange Typnamen, die z. B. im Zusammenhang mit parametrisierten Klassen auftreten, ist die Einführung von Synonymen mittels typedef ebenfalls sinnvoll (Stroustrup 1994a).

Außerdem sollten zur Deklaration von Datenelementen statt der in C++ vordefinierten Datentypen besser mittels `typedef` eingeführte Namen benutzt werden, weil dies der Lesbarkeit und Wartbarkeit zugute kommt (Taligent 1994).

```
typedef double DM;

class Wertpapier {
  // ...
  const DM Nennwert;
};
```

3.2.5 Dynamische Felder

Dynamische Felder können in C++ mittels Zeigern realisiert werden, denen mit `new` Speicherplatz zugewiesen wird, der nach der Benutzung mit `delete` wieder freizugeben ist. Diese Art der Programmierung wurde aus Kompatibilitätsgründen von der Programmiersprache C übernommen und ist laut ARM *„very low-level"* und *„beyond repair"* (ARM §8.2.4 und §10.2). Deshalb sollten statt dessen besser Feldklassen aus Bibliotheken, wie z. B. die Klasse `vector` der *Standard Template Library* (STL), verwendet werden, weil diese auf einem höheren Abstraktionsniveau arbeiten und somit die Programmierung erheblich vereinfachen.

Wird dennoch keine Feldklasse benutzt, sollten Feldparameter als `T feld[]` und nicht als `T* feld` geschrieben werden, da ersteres den Feldcharakter besser zum Ausdruck bringt (Taligent 1994). Außerdem sollte in Konstruktoren von Klassen, die Zeiger zur Implementation von dynamischen Feldern enthalten, `new` im Rumpf und nicht in der Initialisierungsliste ausgeführt werden, weil nur im Rumpf die Möglichkeit besteht, Ausnahmen aufzufangen, die von `new` oder dem Standardkonstruktor der anzulegenden Objekte ausgeworfen werden. (Der implizite Aufruf des Standardkonstruktors für das Zeigerdatenelement vor dem Eintritt in den Konstruktorrumpf ist unbedenklich, weil es sich dabei um einen einfachen Datentyp handelt.)

3.2.6 union

In einer `union` werden mehrere Objekte zusammengefaßt, von denen zu einem bestimmten Zeitpunkt jeweils nur eines benutzt wird. Deshalb wird für eine `union` nur soviel Speicherplatz reserviert, wie für das größte der Objekte benötigt wird (ARM §9.5). Dies stellt eine Möglichkeit zum Sparen von Speicherplatz dar. Da `union`s nur sehr selten eingesetzt werden, wird im folgenden nicht weiter auf sie eingegangen.

3.2.7 Eingabe von Datentypen

Die Eingabe von Datentypen für Attribute, Methoden usw. soll den Benutzern des MAOOAM*Tools* dadurch erleichtert werden, daß sie aus einer Liste der verfügbaren Datentypen auswählen können. Bei der Auflistung sollen neben den in C++ vordefinierten Datentypen wie `int`, `double` usw. auch benutzerdefinierte erscheinen, wozu neben Datentypen aus Klassenbibliotheken auch per `typedef` und `enum` eingeführte Typen zählen. Es ist allerdings darauf zu achten, daß nicht implizit eine Beziehung modelliert wird. Zum Beispiel sollte in die Klasse `Posten` kein Attribut des Typs `Wertpapier&` aufgenommen werden, weil dies mittels einer Objektbeziehung zwischen den beiden Klassen besser zu modellieren ist.

3.3 Nachrichtenverbindungen

Im statischen Analysemodell werden nur einige wenige Nachrichtenverbindungen, die von besonderer Bedeutung für das modellierte System sind, eingezeichnet. Aus den erfaßten Daten gehen hervor: der Sender, der Empfänger, die Namen der aufgerufenen Methoden und ob die Nachricht an ein Objekt oder eine Klasse geht. In der Klassenspezifikation werden zu den Methoden außerdem die Parameter, der Funktionswert und eine kurze, verbale Beschreibung der Verbindung angegeben.

Nachrichtenverbindungen werden durch Methodenaufrufe realisiert. Diese Aufrufe stehen im Rumpf anderer Methoden bzw. Funktionen, für die das funktionale Modell eine ausführliche verbale Beschreibung des Funktionsalgorithmus, die auch bereits den Programmcode umfassen kann, beinhaltet.

Die Informationen über Nachrichtenverbindungen spielen bei der Implementation von Methoden eine untergeordnete Rolle. Im Design brauchen daher keine weiteren Angaben gemacht zu werden.

3.4 Subjekte

In Subjekten werden Klassen, die konzeptionell zusammengehören und -wirken, gebündelt. Die Kopplung dieser Klassen untereinander ist in der Regel hoch, die mit anderen Klassen dagegen gering (Schader und Rundshagen 1996). In C++ bietet sich die Abbildung von Subjekten als Namensbereiche (`namespace`) an.

Der Bezeichner eines Namensbereichs leitet sich aus dem Subjektnamen ab und muß der C++-Syntax Folge leisten (siehe Abschnitt 3.1). Innerhalb seines Geltungsbereichs muß der Bezeichner eindeutig sein. Namensbereiche können ebenso wie Subjekte beliebig geschachtelt werden (WP 7.3.1.3).

Für ein Subjekt werden eine eigene Header- und eine Implementationsdatei generiert, wenn für mindestens zwei Klassen des Subjekts angegeben wurde, daß ihre Definitionen in die Subjektdateien aufzunehmen sind oder wenn globale Funktionen, Variablen, Typdefinitionen oder Enumeratoren für das Subjekt zu definieren sind.

4 Klassen

Der Name einer Klasse kann vom Tool gemäß Abschnitt 3.1 aus der Analyse übernommen werden. Benutzer sollten für Klassennamen Substantive im Singular wählen, die gegebenenfalls mit einem Adjektiv gekoppelt werden (Horstmann 1995a). Klassennamen sollten mit einem Großbuchstaben beginnen (Coad und Nicola 1993, FAQ 10 und 425). Obwohl es in C++ möglich ist, unbenannte Klassen zu definieren, ist dies nicht sinnvoll, weil Klassen ein Konzept repräsentieren und dieses einen Namen trägt (ARM §9).

Für Klassen können Invarianten angegeben werden. Dies ist Thema des Kapitels 10.

4.1 class oder struct

Zur Deklaration von Klassen dienen die beiden Schlüsselwörter `class` und `struct`. Generell ist es eine Stilfrage, welches Schlüsselwort benutzt wird (vgl. Lippman 1995a), denn abgesehen von den unterschiedlichen Voreinstellungen für die Zugriffsspezifizierer in bezug auf Datenelemente und Basisklassen – `private` bei `class` und `public` bei `struct` – sind beide Konstrukte äquivalent. Eine Konvention ist, `struct` ausschließlich dann einzusetzen, wenn sämtliche Elemente `public` sind (vgl. FAQ 69). Bei der Implementation von Klassen des Problembereichs ist das Schlüsselwort `class` vorzuziehen.

4.2 Abstrakte Klassen

Damit eine Klasse in C++ zu einer abstrakten Klasse wird, muß sie mindestens eine rein virtuelle Elementfunktion besitzen (ARM §10.3). Die Konstruktoren einer abstrakten Klasse können nur von abgeleiteten Klassen aufgerufen werden, weil es keine Objekte von abstrakten Klassen gibt. Deshalb sollten die Konstruktoren `protected` statt `public` deklariert werden (Taligent 1994). Des weiteren sollte der Destruktor `virtual` und `public` sein, damit das Löschen von Objekten über Zeiger auf die Basisklasse korrekt funktioniert (Lippman 1993).

```
class Wertpapier {
public:
  virtual ~Wertpapier();
  virtual DM gibWert() const = 0;
protected:
  Wertpapier(const string& kn, const string& e, DM nw);
  // ...
};
```

In den seltenen Fällen, in denen sich für eine als abstrakt gekennzeichnete Klasse keine rein virtuelle Elementfunktion finden läßt, kann der Destruktor rein virtuell deklariert und außerhalb der Klasse definiert werden (vgl. WP §12.4).

```
class X {
public:
  virtual ~X() = 0;
  // ...
};

X::~X() { /* ... */ }
```

Allerdings weist das Fehlen einer rein virtuellen Elementfunktion für eine abstrakte Klasse oft auf einen Analyse- oder Designfehler hin.

4.3 Reihenfolge der Zugriffsrechte

Die Elemente einer Klasse sollten in der Reihenfolge `public`, `protected` und `private` deklariert werden (Taligent 1994), damit zuerst diejenigen Elemente erscheinen, die für Benutzer der Klasse am interessantesten sind. Gemäß den Prinzipien der Datenkapselung greifen „gewöhnliche" Benutzer ausschließlich auf die `public` Elemente zu und müssen die Implementationsdetails der `private` Sektion nicht kennen. Nur wer andere Klassen ableiten möchte, kümmert sich neben den `public` auch um die `protected` Elemente. Die `private` Elemente sind dagegen nur für die Anwender von Interesse, die eine Implementation untersuchen, um z. B. Lücken in der Dokumentation zu schließen oder Änderungen vorzunehmen.

```
class Klassenname {
public:
  // fuer alle Benutzer der Klasse
protected:
  // zum Ableiten
private:
  // Implementationsdetails
};
```

Eine Ausnahme bilden `private` Elementfunktionen, die die Schnittstelle einer Klasse beeinflussen, wie z. B. `private` Copy-Konstruktor und Zuweisungsoperator (siehe Abschnitt 4.6). Sie sollten entweder vor dem `public` Teil oder direkt danach aufgeführt werden.

4.4 `friend`-Deklarationen

Klassen, Elementfunktionen und globale Funktionen können als `friend` einer Klasse deklariert werden und haben dann direkten Zugriff auf `private` und `protected` Elemente der Klasse.

Obwohl die Einordnung von `friend`-Deklarationen syntaktisch nicht relevant ist, sollten globale `friend`-Funktionen, die zur Schnittstelle einer Klasse gezählt werden (wie z. B. der Ausgabeoperator <<), im `public`-Abschnitt deklariert werden (FAQ 241); denn: *„A friend function is ... as much a part of the interface of [a] class as a member function is."* (Stroustrup 1994a und ähnlich ARM §11.4). Dagegen sollten `friend`-Deklarationen, die Implementationsdetails darstellen, wie beispielsweise die `friend`-Deklaration von Klassen und Elementfunktionen anderer Klassen, im `private`-Teil stehen (vgl. FAQ 242).

4.5 Kanonische Form

Für die meisten Klassen werden zumindest der Standardkonstruktor, der Copy-Konstruktor, der Destruktor und der Zuweisungsoperator definiert. Dies ist die sogenannte *kanonische Form* (Coplien 1992). Daneben gibt es auch „entgegenkommende" Klassen („Nice-class"), die zusätzlich den Vergleichsoperator == definieren (Carroll und Ellis 1995). Diese Form soll vom Tool standardmäßig generiert werden. (Im Kapitel 6 wird im Rahmen der Methoden näher darauf eingegangen.)

```
class X {
public:
  X();
  X(const X&);
  ~X();
  X& operator=(const X&);
  friend bool operator==(const X&, const X&);
  // ...
};
```

Sofern eine Ordnung für die Objekte der Klasse existiert, sollte insbesondere im Zusammenhang mit Containerklassen aus einer Bibliothek wie der STL zusätzlich `operator<` definiert werden (siehe Abschnitt 6.13.4).

4.6 Spezielle Eigenschaften

Es gibt aber keine Elementfunktion, die generell für jede Klasse sinnvoll ist, so daß auch die Funktionen für entgegenkommende Klassen nicht bereitgestellt werden müssen (Carroll und Ellis 1995). Als spezielle Objekteigenschaften, die gegen die Implementation einer entgegenkommenden Klasse sprechen, sind denkbar:

- Objekte sollen nicht kopiert werden.

  Der Copy-Konstruktor und der Zuweisungsoperator sind `private` zu deklarieren, ohne eine Definition anzugeben (Meyers 1991).

```
class Depot {
public:
  // ...
private:
  // Schnittstelle ohne Kopierfunktionen
  Depot(const Depot&);
  Depot& operator=(const Depot&);
  // ...
};
```

- Objekte sollen ausschließlich auf dem Heap gespeichert werden.

  Die Konstruktoren werden nicht `public` deklariert. Objekte können – abgesehen von Elementfunktionen und `friend`s – nur mittels `public` bereitgestellter `static` Elementfunktionen kreiert werden, die jeweils einen Zeiger auf ein mit `new` auf dem Heap angelegtes Objekt zurückgeben (ARM §12.2c und FAQ 311).

```
class X {
public:
  static X* newX() { return new X; }
  // ...
private:
  X();  // Schnittstelle ohne public Konstruktor
  // ...
};

void test() {
  X* x = X::newX();
  // ...
  delete x;
}
```

Der gleiche Effekt läßt sich auch erzielen, indem der Destruktor `private` deklariert wird (ARM §12.2c, Taligent 1994). Zum Löschen solcher Objekte, die ausschließlich mit `new` kreiert werden können, kann eine `public` Elementfunktion bereitgestellt werden.

```
class X {
public:
  void deleteX() { delete this; }
  // ...
private:
  ~X();  // Schnittstelle ohne public Destruktor
};
void test() {
  X* x = new X;
  // ...
  x->deleteX();
}
```

Darüber hinaus sind noch weitere spezielle Eigenschaften möglich:

- Objekte sollen nicht auf dem Heap gespeichert werden.

Der `operator new` ist `private` zu deklarieren (Taligent 1994). Dann sollte auch `operator delete` im `private` Teil stehen (Meyers 1996).

- Es soll nur genau ein Objekt der Klasse geben.

  Die Konstruktoren werden `private` deklariert. Eine `friend`-Funktion legt ein `static` Objekt an und liefert bei jedem Aufruf eine Referenz auf dieses Objekt (vgl. Meyers 1996).

```
class X {
public:
  friend X& gibX();
  void f() { /* Beispiel fuer eine Elementfunktion */ }
  // ...
private:
  X();  // Schnittstelle ohne public Konstruktoren
  X(const X&);
  // ...
};

X& gibX() {
  static X x;
  return x;
}

void test() {
  gibX().f();
}
```

  Einen ähnlichen Ansatz schlagen Gamma et al. (1995) unter dem Namen „Singleton" vor.

  Ein weiterer Spezialfall sind Klassen, von denen keine anderen Klassen abgeleitet werden sollen. Sie werden *Blattklassen* („Leaf-class") genannt (FAQ 433, Rumbaugh und Booch 1995). Da solche Klassen nicht als Basisklassen fungieren, werden für sie keine virtuellen Elementfunktionen und keine `protected` Elemente definiert.

4.7 Eingebettete Typen

> *„Because nesting avoids name-space pollution, a rule of thumb would be to nest unless there is a reason not to."* (Stroustrup 1994a)

C++ bietet die Möglichkeit, Klassen in andere Klassen einzubetten, d. h. innerhalb einer anderen Klasse zu deklarieren bzw. auch zu definieren. Dadurch wird die Zusammengehörigkeit von Klassen direkt im Programmcode ausgedrückt und der Namensraum entlastet.

Wenn die eingebettete Klasse innerhalb der umgebenden Klasse definiert wird, kann die äußere Klasse Objekte von ihr enthalten.

```
class Aussen {
  // ...
  class Innen { /* ... */ };
  Innen i;  // Objekt
};
```

Die eingebettete Klasse kann auch erst lediglich deklariert und später außerhalb der einbettenden Klasse definiert werden. Allerdings sind dann nur Zeiger und Referenzen auf die innere Klasse erlaubt.

```
class Aussen {
  // ...
  class Innen;    // Deklaration
  Innen* i;       // Zeiger
};

class Aussen::Innen { /* ... */ };  // Definition
```

Typischerweise wird die Deklaration in der Header-Datei und die Definition in der Implementationsdatei stehen. So lassen sich die Abhängigkeiten der Programmdateien untereinander reduzieren und Implementationsdetails verbergen (siehe Abschnitte 4.9 und 5.10).

Neben Klassen können auch Enumeratoren und mittels `typedef` eingeführte Typnamen innerhalb einer Klasse definiert werden.

```
class Schachbrett {
public:
  typedef int Reihe;
  enum Linie { A, B, C, D, E, F, G, H };
  class Feld { /* ... */ };
  // ...
};
```

Dies ist gegenüber einer globaler Definition vorzuziehen, wenn außerhalb der Klasse keine Verwendung für diese Typen besteht.

4.8 Parametrisierte Klassen

Während Problembereichsklassen eher selten parametrisiert werden, sind Containerklassen aus Bibliotheken, wie z. B. Listen und Felder, regelmäßig parametrisiert. Die zugrundeliegenden Algorithmen (einfügen, entfernen usw.) hängen nicht vom zu verwaltenden Datentyp ab. Allerdings müssen die verwalteten Objekte die vom Container benötigte Funktionalität bereitstellen, damit sie beispielsweise kopiert oder sortiert werden können.

In C++ werden parametrisierte Klassen mittels *Templates* realisiert. Diese besitzen in MAOQAM keine Entsprechung.

Im Unterschied zu nicht parametrisierten Klassen muß der Benutzer die Template-Parameter im Dialogfenster für Klassen (siehe Abbildung 12.3 auf

Seite 134) angeben. Diese sind entweder Typ- oder Wertparameter und können Standardargumente besitzen.

```
template<class T, int anz = 1024> class Feld {
  // ...
  T komponenten[anz];
};
```

Referenzen sollten nicht als Argumente für Template-Parameter verwendet werden, weil dies zu Fehlern beim Übersetzen führen kann (Stroustrup 1994a). Zum Beispiel hätte die Variablendefinition `Feld<int&> f;` in der hier gezeigten Implementation zur Folge, daß versucht wird, ein Feld von Referenzen anzulegen, was nicht zulässig ist.

Das Testen von parametrisierten Klassen kann durch die Generierung von nicht parametrisierten Klassen unterstützt werden, die Typparameter mittels `typedef` und Werte als Konstanten abbilden (vgl. Stroustrup 1994a).

```
class Feld {
  typedef int T;
  enum { anz = 1024 };
  // ...
  T komponenten[anz];
};
```

4.9 Header- und Implementationsdateien

„The number of header files to use for a program is a function of many factors." (Stroustrup 1994a)

Bei der Erzeugung des C++-Programmcodegerüsts werden normalerweise für jede Klasse eine eigene Header-Datei (z. B. mit einer Dateiendung `.h`, `.hpp`, `.hxx`) mit der Klassendefinition und eine Implementationsdatei (`.cpp`, `.cxx`, `.cc`, `.C`) mit den Definitionen der Klassenelemente erstellt (vgl. z. B. Stroustrup 1994a und Taligent 1994). Da es mehrere gebräuchliche Dateiendungen gibt, sind entsprechende Auswahlmöglichkeiten vorzusehen. Mit Blick auf die Portabilität sollten Dateinamen gewählt werden, die ausschließlich Kleinbuchstaben verwenden und der `8.3`-Regel – acht Zeichen für den Dateinamen und drei für die Dateiendung – entsprechen (vgl. Keffer 1995).

Bei mehreren eng zusammenarbeitenden Klassen ist es auch üblich, diese gemeinsam in jeweils eine Header- und Implementationsdatei aufzunehmen. Im Tool wird dies so realisiert, daß Klassen, die zusammengehören, in einem Subjekt gesammelt werden. Für ein solches Subjekt werden eine eigene Header- und eine Implementationsdatei generiert, wenn für mindestens zwei Klassen des Subjekts angegeben wurde, daß ihre Definitionen in die Subjektdateien aufgenommen werden sollen.

Die Header-Dateien werden mittels

```
#ifndef DATEI_H
#define DATEI_H
  // ...
#endif
```

eingerahmt (vgl. z. B. Eckel 1993 und Taligent 1994). Dadurch wird das mehrfache Einbinden derselben Header-Datei verhindert. Der Makroname, der mittels `#define` definiert wird, ist der Dateiname in Großbuchstaben mit einem Unterstrich für den Punkt. Für `depot.h` wird beispielsweise `DEPOT_H` definiert.

Der Übersetzungsvorgang kann etwas beschleunigt werden, wenn vor dem Öffnen einer Header-Datei geprüft wird, ob sie bereits eingebunden wurde (vgl. z. B. Papurt 1995):

```
#ifndef DEPOT_H
#include "depot.h"
#endif
```

Da die dadurch gewonnene Zeit in der Regel sehr gering ist und außerdem die Übersichtlichkeit des Programmcodes leidet (Keffer 1995), sollte diese Technik nur eingesetzt werden, wenn der Benutzer dies wünscht.

4.10 Leere Klassen

Während der Analyse dürften Klassen, die weder Attribute noch Methoden enthalten, nicht sinnvoll sein - vgl. die Regeln 15 und 16 von Rundshagen (1996). Bei der Implementation in C++ können solche Klassen für die Ausnahmebehandlung eingesetzt werden. Darüber hinaus können sie als Platzhalter in frühen Phasen der Programmentwicklung dienen (ARM §9).

4.11 Zusammenfassung

Das Tool soll Klassennamen vorschlagen, die mit einem Großbuchstaben beginnen. Gemäß Abschnitt 4.1 wird für Klassendefinitionen das Schlüsselwort `class` verwendet. Wie in Abschnitt 4.2 ausgeführt, sind für abstrakte Klassen die Konstruktoren `protected` statt `public` zu deklarieren. Ist für eine als abstrakt gekennzeichnete Klasse keine rein virtuelle Elementfunktion vorhanden, soll das Tool den Destruktor rein virtuell definieren. Die Elemente einer Klasse werden entsprechend Abschnitt 4.3 in der Reihenfolge `public`, `protected` und `private` angeordnet. `friend`-Deklarationen für globale Funktionen werden in den `public`- und für Klassen in den `private`-Teil einsortiert (siehe Abschnitt 4.4). Wie in Abschnitt 4.5 empfohlen, soll per Voreinstellung für eine Klasse der Standardkonstruktor, der Destruktor, der Copy-Konstruktor, der Zuweisungsoperator und der Vergleichsoperator erzeugt werden. Für die speziellen Objekteigenschaften aus Abschnitt 4.6 sollen entsprechende Schalter angeboten werden, mit denen der Benutzer gewünschte Eigenschaften aktivieren kann. Das Tool eröffnet dem Benutzer die Möglichkeit, in Klassen eingebettete Typen (siehe Abschnitt 4.7) und parametrisierte Klassen (siehe Abschnitt 4.8) zu definieren. Der generierte Programmcode wird, wie in Abschnitt 4.9 beschrieben, in den vom Benutzer angegebenen Dateien abgelegt. Standardmäßig bildet das Tool Dateinamen aus Kleinbuchstaben, die der `8.3`-Regel entsprechen. Für Header-Dateien werden automatisch Präprozessoranweisungen erzeugt, um das mehrfache Einbinden zu verhindern.

Die genannten Aktionen, die das Tool automatisch ausführen soll, sind als Vorschläge zu verstehen, die der Benutzer an seine Bedürfnisse anpassen kann.

5 Attribute

Der C++-Terminus für Attribute ist *Datenelemente*. Wenn der in der Analyse vergebene Attributname nicht C++-konform ist, muß ein geeigneter Designname vergeben werden (vgl. Abschnitt 3.1). Die Namen von Datenelementen beginnen konventionsgemäß mit einem Kleinbuchstaben (vgl. z. B. FAQ 425). Sie werden entsprechend vom Tool vorgeschlagen und können vom Benutzer geändert werden. Zugriffsfunktionen für Attribute, die zum Abfragen und Ändern von Attributwerten dienen, werden im Rahmen der Methoden in Abschnitt 6.12.5 behandelt.

5.1 Datentyp

In einer streng typisierten Programmiersprache wie C++ muß jedes Datenelement einen Datentyp besitzen. Im Idealfall sollte dieser aus dem in der Analyse angegebenen Datentyp abgeleitet werden können (siehe Abschnitt 3.2). Klassen des Problembereichs kommen als Datentyp für ein Datenelement nicht in Frage, wenn der gleiche Sachverhalt mittels Beziehungsstrukturen darstellbar ist.

5.2 Bitfelder

Gibt es innerhalb einer Klasse mehrere ganzzahlige Datenelemente, die jeweils einen kleinen Wertebereich haben, kann u. U. Speicherplatz gespart werden, indem sie als Bitfelder implementiert werden. Allerdings sind die Algorithmen, die der Compiler zum Zugriff auf Bitfelder generiert, komplex, weil die einzelnen Bits aus dem Bitfeld extrahiert werden müssen. Obwohl diese Technik somit nicht empfehlenswert ist (ARM §9.6), soll das Tool Benutzern trotzdem ermöglichen, Bitfelder zu definieren, da sie für hardwarenahe Aufgaben sinnvoll einsetzbar sind.

5.3 Initialisierung

Sämtliche Datenelemente einer Klasse sollten initialisiert werden, damit der Programmablauf reproduzierbar ist (Schader und Kuhlins 1995). Die Initialisierung erfolgt für `static` Datenelemente bei ihrer Definition außerhalb der Klasse. Die anderen Datenelemente werden in der Initialisiererliste der Konstruktoren mit Werten versehen.

Im Design werden die jeweiligen Werte für die Initialisierung erfaßt. Existiert für ein Datenelement, das nicht `static` ist, kein für alle Objekte sinnvoller Initialisierungswert, so sollte ein entsprechender Parameter in den Konstruktoren vorgesehen werden. Bei der Beschreibung der Konstruktoren in Abschnitt 6.12.1 wird darauf noch zurückzukommen sein.

5.4 static

Es gibt Attribute, die zur Klasse selbst und nicht zu den einzelnen Objekten der Klasse gehören. Solche Attribute sind in C++ als `static` zu deklarieren. Abgesehen von ganzzahligen Konstanten, die innerhalb der Klasse initialisiert werden können, sind solche Datenelemente außerhalb der Klasse zu initialisieren. In beiden Fällen ist außerhalb der Klasse eine entsprechende Definition vorzunehmen.

Im Depotbeispiel ist die Mindestgebühr für alle Depots die gleiche.

```
typedef double DM;

class Depot {
  // ...
  static DM mindestgebuehr;
};

DM Depot::mindestgebuehr(25);
```

Die gewählte Schreibweise ist `DM Depot::mindestgebuehr = 25;` grundsätzlich vorzuziehen. Hier im speziellen Fall ist `DM` zwar ein `typedef` für `double`, aber wäre es eine Klasse, so wäre zuerst eine implizite Typkonversion des `int`-Werts `25` in `DM` erforderlich. Dies ist nur zulässig, wenn der entsprechende Konstruktor nicht `explicit` deklariert wurde. Anschließend wäre das Ergebnis noch mittels Copy-Konstruktor zu kopieren. Auch wenn der Compiler den Copy-Konstruktor dabei nicht aufruft, weil er stark optimiert, so muß der Copy-Konstruktor trotzdem zugreifbar sein (vgl. WP §8.5).

```
class DM {
public:
  explicit DM(int);
private:
  DM(const DM&);
  // ...
};

DM x(25);
DM y = 25;   // Fehler
```

5.5 const

Datenelemente, deren Wert sich während der Lebenszeit eines Objekts nicht ändern soll, werden als const deklariert. Wenn sie nicht gleichzeitig static sind, müssen sie im Konstruktor initialisiert werden.

```
class Wertpapier {
public:
  explicit Wertpapier(DM nw) : nennwert(nw) {}
  // ...
private:
  const DM nennwert;
};
```

5.6 Klassenkonstanten

Ein ganzzahliges Datenelement, das const und static deklariert wird, kann in der Klassendefinition mit einem ganzzahligen konstanten Ausdruck initialisiert und als zur Klasse lokale Konstante eingesetzt werden (WP §9.5.2). (Für C++-Compiler, die dies noch nicht unterstützen, können statt dessen eingebettete Enumeratoren benutzt werden.)

```
class X {
  static const int anzahl = 10;
  enum { groesse = 10; };
  // ...
};

const int X::anzahl;   // ohne Initialisierer
```

5.7 mutable

Das Schlüsselwort mutable ist ein Implementationsdetail von C++, das es erlaubt, die Werte von Datenelementen konstanter Objekte zu ändern. Dies ist insbesondere in Fällen, in denen ein Objekt zwar semantisch, aber nicht bitweise const ist, sinnvoll. Ein typisches Beispiel ist ein Daten-Cache.

```
class X {
  // ...
  void ausgabe() const;
  mutable bool cache;
};

void X::ausgabe() const {
  if (!cache) {
    // Ausgabe vorbereiten
    cache = true;
  }
```

```
        // ausgeben
    }
```

`mutable` kann nicht mit `const` oder `static` kombiniert werden (WP §7.1.1).

5.8 volatile

Mit Hilfe des Schlüsselworts `volatile` wird der Compiler angewiesen, Codeoptimierungen im Zusammenhang mit derart deklarierten Datenelementen zu unterlassen. Der Typspezifizierer `volatile` kann für Objekte, Datenelemente und Elementfunktionen eingesetzt werden (ARM §7.1.6). Obwohl `volatile` Datenelemente für die meisten Problemstellungen nicht benötigt werden, sollten sie der Vollständigkeit halber vom Tool vorgesehen werden.

5.9 Zugriffsrechte

In C++ stehen die Zugriffsrechte `private`, `protected` und `public` zur Verfügung. In der Analyse spielen sie keine Rolle, denn nach der „reinen" objektorientierten Lehre sind sämtliche Datenelemente als `private` zu deklarieren, damit die Datenkapselung gewährleistet ist. So besteht denn auch Konsens darüber, daß der Zugriff auf Datenelemente anderer Objekte nicht direkt erfolgen soll, d. h. Datenelemente generell nicht `public` sind (z. B. Coleman et al. 1994, Meyers 1991 und Stroustrup 1994a). Statt dessen werden Datenelemente über die `public` Schnittstelle, zu der insbesondere Zugriffsfunktionen (siehe Abschnitt 6.12.5) zählen, manipuliert.

Innerhalb von Vererbungsstrukturen werden Datenelemente in der Basisklasse oft `protected` deklariert, damit abgeleitete Klassen direkt auf sie zugreifen können. Wenn diese Art der Verletzung der Datenkapselung unerwünscht ist, können `protected` Zugriffsfunktionen für `private` Datenelemente definiert werden (Papurt 1995). Dadurch wird die Kopplung zwischen Basis- und abgeleiteter Klasse reduziert, was speziell für Bibliotheksklassen empfehlenswert ist (FAQ 10).

Gemäß den obigen Ausführungen ist die Vorgabe für Datenelemente `private`.

5.10 „Handle/body"-Implementation

Die durch die Elementfunktionen gebildete Schnittstelle einer Klasse ist von den Implementationsdetails separierbar, indem die Datenelemente ausgelagert werden. Dazu wird nach folgendem Schema eine eingebettete Klasse deklariert, die die Datenelemente enthält.

```
class Kunde {
public:
  Kunde();
  ~Kunde();
  // ...
private:
  struct Daten;
  Daten* daten;
};
```

Die Implementationsdatei beherbergt neben den Definitionen der Elementfunktionen auch die Definition der eingebetteten Klasse.

```
struct Kunde::Daten {
  // Datenelemente der Klasse Kunde
};
Kunde::Kunde() { daten = new Daten; }
Kunde::~Kunde() { delete daten; }
```

Diese Technik wird als „Handle/body"-Implementation bezeichnet. Durch sie können Abhängigkeiten von Header-Dateien beim Übersetzen reduziert und Implementationsdetails verborgen werden (Schader und Kuhlins 1995 und Taligent 1994).

Gegen dieses Vorgehen spricht (vgl. ARM §9.1c, und Stroustrup 1994a), daß die Laufzeiteffizienz beeinträchtigt wird, weil

- Funktionen, die auf die Datenelemente zugreifen, nicht `inline` definiert werden können,
- ein zusätzlicher Speicherzugriff notwendig ist, um den Zeiger zu dereferenzieren, und
- für alle Objekte, die effizient auf dem Stack angelegt werden, Aufrufe von `new` und `delete` erforderlich sind, da die Daten auf dem Heap liegen.

5.11 Abgeleitete Attribute

Für „abgeleitete" Attribute existiert ein Algorithmus, der ihren Wert in Abhängigkeit von anderen Attributen berechnet. Abgeleitete Attribute sind somit als Methode implementierbar, die den Wert berechnet und zurückgibt. Um wiederholte Berechnungen zu vermeiden, kann der berechnete Wert gespeichert werden. Dabei ist der Wert zu aktualisieren, wenn sich die Attribute, die der Berechnung zugrunde liegen, ändern (Yourdon et al. 1995).

Ein typisches Beispiel ist das Alter eines Menschen, das aus dem Geburtsdatum und dem aktuellen Datum berechnet wird. Ein weiteres Beispiel ist die Restlaufzeit eines festv rzinslichen Wertpapiers, die sich aus dem aktuellen Datum und der Fälligkeit ergibt.

5.12 Zusammenfassung

Das Tool erzeugt für Datenelemente einen Namen, der mit einem Kleinbuchstaben beginnt. Es wird versucht, den Datentyp aus der Analyse zu übernehmen. Klassen des Problembereichs sollten vom Benutzer nicht als Datentyp für Attribute verwendet werden, wenn sich der gleiche Sachverhalt mittels Beziehungsstrukturen darstellen läßt (vgl. Abschnitt 5.1). Mit Hilfe der vom Benutzer angegebenen Initialisierungswerte soll gemäß Abschnitt 5.3 entsprechender Programmcode für Konstruktoren und Definitionen von `static` Datenelementen generiert werden. Wie in Abschnitt 5.4 gezeigt, sind `static` Datenelemente mit Klammerschreibweise zu initialisieren. Per Voreinstellung sind Datenelemente `private`, aber nicht `static`, `const`, `mutable` oder `volatile`. Es soll möglich sein, auf Wunsch des Benutzers eine Klasse in Form einer „Handle/body"-Implementation (siehe Abschnitt 5.10) zu erzeugen.

6 Methoden

In C++ werden Methoden als *Elementfunktionen* bezeichnet. Fast alle im Analysemodell aufgeführten Methoden gehören zu den expliziten Methoden. Außerdem gibt es die impliziten Methoden, die in der Regel im Analysemodell nicht aufgeführt werden, aber für die Implementation unentbehrlich sind.

Sofern sinnvolle Standardimplementationen existieren, sollten auf Wunsch Funktionsrümpfe generiert werden, die der Benutzer später anpassen kann. Die Standardimplementation sollte jederzeit wieder eingefügt werden können. Die Funktionsrümpfe werden im Repository gespeichert.

Für Methoden können Vor- und Nachbedingungen angegeben werden. Dies ist Thema des Kapitels 10.

6.1 Name

Wenn der in der Analyse für eine Methode vergebene Name syntaktisch korrekt ist, kann er übernommen werden, sonst muß ein adäquater Designname vergeben werden, der sich an den Analysenamen anlehnt und der C++-Syntax entspricht (siehe Abschnitt 3.1). Die Namen von Elementfunktionen beginnen konventionsgemäß mit einem Kleinbuchstaben (vgl. z. B. FAQ 425). Sie sollten Verben oder kurze Folgen von Wörtern mit einem Verb sein (Horstmann 1995a). Außerdem können Operatornamen eingesetzt werden. Dies bietet sich insbesondere für Ein- und Ausgabefunktionen an, die in C++ als `operator>>` bzw. `operator<<` implementiert werden. Elementfunktionen können in C++ überladen werden (siehe Abschnitt 6.10).

6.2 Parameter

Für die Parameter einer Elementfunktion werden der Datentyp und fakultativ der Name erfaßt. Außerdem können Standardargumente festgelegt werden, wobei zu beachten ist, daß auf ein Argument mit Standardwert keines ohne folgen darf. In Funktionsdeklarationen sind Bezeichner für die Parameter optional. In einigen Fällen kann jedoch die Lesbarkeit verbessert werden, wenn geeignete Bezeichner angegeben werden (Keffer 1995 und Papurt 1995). Diese Bezeichner können sich von denen, die in der Funktionsdefinition benutzt werden, unterscheiden (ARM §8.2.5). So können beispielsweise lange, aussagekräftige Namen in der Deklaration bei der Definition durch kurze ersetzt werden.

```
class Polynom {
public:
  Polynom(
    const double koeffizienten[],
    int anzahlKoeffizienten
  );
  // ...
};

Polynom::Polynom(const double k[], int n) { /* ... */ }
```

Wenn bereits durch die Typbezeichnung klar zum Ausdruck kommt, wofür ein Parameter steht, kann der Bezeichner entfallen, ohne die Lesbarkeit zu beeinträchtigen.

```
class Posten {
public:
  void verkaufen(Stueck);
  void kaufen(Stueck);
  // ...
};
```

Unbenutzte Parameter brauchen nicht benannt zu werden (ARM §8.3). Zur Dokumentation ist die Angabe eines Namens als Kommentar allerdings oft sinnvoll. (Mit solchen Parametern können z. B. die Aufrufe überladener Funktionen gesteuert werden, so wie dies bei der Postfixform des Inkrementoperators `operator++(int)` geschieht.)

In C++ werden Argumente grundsätzlich *by value* übergeben. Die Ausnahmen sind Referenzen, die *by reference* übergeben werden, und Felder, bei denen die Adresse der ersten Komponente zwar *by value* übergeben wird, faktisch aber schreibenden Zugriff auf die Feldkomponenten zuläßt. Für große Objekte, die viel Speicherplatz beanspruchen, ist die Übergabe als Referenz effizienter, weil aufwendige Kopieroperationen entfallen (vgl. z. B. ARM §8.4.3, Coleman et al. 1994, Keffer 1995 und Stroustrup 1994a,). Wird das übergebene Objekt ausschließlich gelesen und nicht verändert, sollte es als Referenz auf `const` deklariert werden.

Der Aufrufer einer Funktion sollte vor überraschenden Seiteneffekten bewahrt werden. Generell sollten Funktionen daher ihre Argumente nicht modifizieren (Keffer 1995). Tun sie es doch, so sollte dies aus ihrem Namen hervorgehen. Für Referenz- und Zeigerparameter sollte die Dokumentation angeben, wie lange sie gültig sein müssen (Coleman et al. 1994).

Parameter sollten nicht als `const` deklariert werden, wenn dies für den Aufrufer der Funktion unerheblich ist, da eine Kopie des Arguments angelegt wird, so daß sich Modifikationen nicht auf das übergebene Objekt auswirken (Carroll und Ellis 1995, FAQ 340 und Keffer 1995).

```
void f(char);    // statt: void f(const char);
void g(char*);   // statt: void f(char*const);
```

Wenn solche Parameter `const` deklariert werden, geht bei der Implementation der Funktion Flexibilität verloren, weil die Kopie des Arguments nur geändert werden kann, wenn sie nicht `const` ist (ARM §8.3).

```
void g(char* z) {
  while (*z++) {
    // ...
  }
}
```

Wird das `const` zu einem späteren Zeitpunkt gestrichen, sind alle Programmdateien, die diese Funktion benutzen, neu zu übersetzen, da sich die Schnittstelle geändert hat.

Die Verwendung unspezifizierter Argumente ist immer zu vermeiden, weil dadurch sämtliche Typinformationen verloren gehen und eine Typprüfung nicht mehr möglich ist (ARM §13.2). Insbesondere sind Konstruktionen der Art `f(...)` für eine komplett ungeprüfte Argumentübergabe – im Gegensatz zu beispielsweise `f(char*, ...)` – zu vermeiden, da es keinen portablen Weg gibt, auf die unspezifizierten Argumente zuzugreifen (ARM §8.3).

Außerdem können Objekte von Klassen nicht als Kopie an Funktionen mit unspezifizierten Argumenten übergeben werden, weil sie bitweise und nicht mittels Copy-Konstruktor kopiert werden (FAQ 209). Allerdings können statt dessen die Adressen solcher Objekte übergeben werden.

6.3 Typ des Rückgabewerts

Hat eine Elementfunktion keinen Rückgabewert, ist `void` anzugeben, sonst ein gültiger C++ Datentyp. Dieser sollte sich aus dem in der Analyse erfaßten Datentyp ableiten (siehe Abschnitt 3.2). Gibt eine Funktion eine Referenz oder einen Zeiger zurück, sollte dokumentiert werden, wie lange diese Referenz bzw. der Zeiger gültig ist (Carroll und Ellis 1995).

Wenn der Rückgabewert *by value* geliefert wird, sollte `const` grundsätzlich vermieden werden (FAQ 341), also `int f()` statt `const int f()`. Allerdings gibt es auch Fälle, in denen solch ein temporäres Objekt nicht modifiziert werden soll (siehe Abschnitt 6.13). Dann ist es als `const` zu deklarieren (Meyers 1996).

6.4 Zugriffsrechte

Für Elementfunktionen sind dieselben Zugriffsrechte verfügbar wie für Datenelemente: `private`, `protected` und `public`. Die expliziten Methoden gehören in der Regel zur öffentlichen Schnittstelle der Klasse und sind daher `public`. Auch die impliziten Methoden sind meist `public`, da sie ebenfalls zugreifbar sein sollen. Daneben gibt es allerdings Elementfunktionen, die zur

Unterstützung der vorgenannten Funktionen dienen. Sie gehören zu den Implementationsdetails der Klasse und werden `private` deklariert, es sei denn, sie sind für abgeleitete Klassen brauchbar und werden deshalb in den `protected` Teil aufgenommen.

Eng mit einer Klasse verbundene globale `friend`-Funktionen sollten zwar in den Abschnitt mit dem passenden Zugriffsrecht einsortiert werden, dies hat aber keine syntaktische Bedeutung (siehe auch Abschnitt 4.4).

6.5 inline

In C++ können Funktionen als `inline` spezifiziert werden, damit der Funktionsrumpf direkt dort eingesetzt wird, wo Aufrufe der Funktion erfolgen. Dadurch wird der Aufwand, der durch einen Funktionsaufruf entsteht, vermieden.

Generell sollten keine `inline` Elementfunktionen eingesetzt werden, es sei denn, der Nutzen überwiegt die Kosten, z. B. für signifikante Performancesteigerungen (Stroustrup 1994a). Ideale Kandidaten für `inline` sind Funktionen, die etwas sehr Einfaches tun und nur ein oder zwei unkomplizierte Anweisungen ausführen, wie z. B. das Aufrufen einer anderen Funktion oder die Rückgabe eines Werts (ARM §7.1.2). Zugriffsfunktionen fallen meist in diese Kategorie.

Um die Klassendefinition übersichtlich zu gestalten, sollten `inline` Elementfunktionen außerhalb der Klassendefinition in der Header-Datei definiert werden. Einzig Elementfunktionen mit leerem Rumpf sind davon ausgenommen, damit Benutzer der Klasse sehen, daß keine Anweisungen ausgeführt werden (Taligent 1994).

```
class Complex {
public:
  ~Complex() {}
  Complex(double r, double i);
  // ...
private:
  double re, im;
};

inline Complex::Complex(double r, double i)
: re(r), im(i) {}
```

Das Schlüsselwort `inline` kann innerhalb einer Klasse vor die Deklaration einer Elementfunktion gestellt werden, die außerhalb als `inline` definiert wird (ARM §7.1.2 und §9.3). Dies hat auf der einen Seite den gewünschten Effekt, daß eine solche Funktion bereits vor ihrer Definition aufgerufen werden kann – dann allerdings in der Regel mittels normalem Funktionsaufruf. Auf der anderen Seite ergibt sich der unerwünschte Effekt, daß ein Implementationsdetail – nämlich die Spezifizierung als `inline` – in die Klassendefinition aufgenommen wird. Außerdem wird es dadurch etwas umständlicher, aus einer `inline` Funktion eine nicht `inline` Funktion zu machen (FAQ 360).

Grundsätzlich sollten virtuelle Elementfunktionen nicht `inline` definiert werden, weil für jede Übersetzungseinheit, in der ein Aufruf nicht `inline` umgesetzt wird, eine Kopie einer solchen Funktion angelegt wird (Carroll und Ellis 1995). Es gibt allerdings auch Situationen, in denen virtuelle Elementfunktionen `inline` umgesetzt werden können (ARM §10.2, Meyers 1995a, Stroustrup 1994a und Taligent 1994), und zwar dann, wenn der Compiler ihren Aufruf bereits zur Übersetzungszeit binden kann, was insbesondere beim Einsatz des Geltungsbereichsoperators `::` der Fall ist.

Bei der Arbeit an großen Softwareprojekten mit vielen Programmdateien ist es in der Implementationsphase günstig, zunächst keine `inline` Funktionen zu verwenden, damit bei Änderungen nicht alle Dateien neu übersetzt werden müssen, die geänderte `inline` Funktionen aufrufen (ARM §7.1.2). Erst im ausgelieferten Programm sollten geeignete Funktionen `inline` deklariert werden, um Laufzeiteinbußen zu vermeiden. Mit Hilfe des Präprozessors läßt sich dieses Verhalten erreichen, indem ein Makro namens `INLINE` verwendet wird, das durch das Schlüsselwort `inline` ersetzt wird, wenn die Funktionen `inline` sein sollen und das im anderen Fall einfach entfällt. Da `inline` Funktionen in die Header-Datei gehören, aber nicht `inline` Funktionen in die Implementationsdatei, werden die potentiellen `inline` Funktionen in einer eigenen Datei mit Endung `.inl` gesammelt und nach Bedarf entweder in die Header- oder Implementationsdatei mittels `#include` aufgenommen. Die Steuerung erfolgt mit einem zweiten Makro namens `OUTLINE`, das definiert wird, wenn die Funktionen nicht `inline` sein sollen (vgl. Ellemtel 1992 und FAQ 356).

Am Beispiel der Klasse `Bankkunde` wird demonstriert, wie das besprochene Schema vom Codegenerator umzusetzen ist, damit der Benutzer beim Übersetzen des Programmcodes per Compileroption (z. B. `-DOUTLINE` bei Borland C++) steuern kann, ob `inline` Funktionen eingesetzt werden oder nicht. Die relevanten Zeilen sind in den Listings hervorgehoben. In der Header-Datei `bkunde.h` wird die Datei mit den `inline` Funktionen `bkunde.inl` nach der Klassendefinition eingebunden.

```
#ifndef BANKKUNDE_H
#define BANKKUNDE_H

#include "adresse.h"  // Klassendefinition wird benoetigt
class Depot;          // Namensdeklaration ist ausreichend

class Bankkunde {
public:
  bool hatDepot() const;
  bool depotLeer() const;
  int anzahlPosten() const;
  // ...
```

```
private:
  Adresse adr;
  Depot* depot;
};

#ifndef OUTLINE
#define INLINE inline
#include "bkunde.inl"
#endif

#endif
```

Die Implementationsdatei `bkunde.cpp` bindet die Datei mit den `inline` Funktionen nach den `#include`-Anweisungen und vor der Definition der nicht `inline` Funktionen ein. Damit sind `#include`-Anweisungen, die in der Datei `bkunde.inl` stehen, verfügbar.

```
#include "bkunde.h"

#ifdef OUTLINE
#define INLINE
#include "bkunde.inl"
#endif

bool Bankkunde::depotLeer() const {
  return hatDepot() ? depot->istLeer() : true;
}
```

Die `inline` Funktionen werden in der Datei `bkunde.inl` definiert.

```
#include "depot.h"

INLINE bool Bankkunde::hatDepot() const {
  return depot != 0;
}

INLINE int Bankkunde::anzahlPosten() const {
  return hatDepot() ? depot->anzahlPosten() : 0;
}
```

Der Mechanismus kann auch auf Klassenebene gesteuert werden, indem für jede Klasse ein eigenes Makro benutzt wird, wie z. B. `OUTLINE_BANKKUNDE` (vgl. FAQ 356).

6.6 const

Eine Elementfunktion ist `const` zu deklarieren, wenn sie für konstante Objekte der Klasse aufrufbar sein soll. Sie kann dann die Datenelemente (mit Ausnahme von als `mutable` deklarierten) ihrer Klasse nicht modifizieren. Neben der bitweisen Sicht des Compilers muß auch die semantische der Programmierer berücksichtigt werden (Keffer 1995). Im folgenden Beispiel sollte die Elementfunktion `setze` daher nicht als `const` deklariert werden, obwohl dies möglich ist.

```
class Feld {
public:
  Feld(int a) : anz(a) { k = new int[anz]; }
  // ...
  void setze(int i, int x) const {
    k[i] = x;  // Der Zeiger ist zwar const,
  }            // aber nicht die referenzierten Objekte.
private:
  int anz;
  int* k;
};
```

Typische Beispiele für `const` Elementfunktionen sind Zugriffsfunktionen, die eine Kopie des Werts eines Datenelements liefern.

```
class Posten {
public:
  Stueck gibStueck() const;
  // ...
private:
  Stueck stueck;
};

inline Stueck Posten::gibStueck() const {
  return stueck;
}
```

Konstruktoren und der Destruktor einer Klasse können nicht `const` deklariert werden (ARM §9.3.1).

6.7 volatile

Mit Hilfe des Schlüsselworts `volatile` wird der Compiler angewiesen, Codeoptimierungen im Zusammenhang mit derart deklarierten Objekten zu unterlassen (ARM §7.1.6). Für als `volatile` deklarierte Objekte können ausschließlich `volatile` Elementfunktionen aufgerufen werden (ARM §9.3.1). Obwohl `volatile` Elementfunktionen für die meisten Problemstellungen nicht benötigt werden, sollten sie der Vollständigkeit halber vom Tool vorgesehen werden.

6.8 static

Methoden, die für die Klasse selbst und nicht für die einzelnen Objekte vorgesehen sind, werden in C++ `static` deklariert. Dies bietet sich speziell für Elementfunktionen an, die ausschließlich auf `static` Datenelemente der Klasse zugreifen.

static Elementfunktionen haben keinen this-Zeiger und können weder virtual noch const deklariert werden (ARM §9.4). Ihr Charakter kommt am besten zum Ausdruck, wenn sie mit dem Klassennamen voll qualifiziert und nicht über Objekte aufgerufen werden (FAQ 385).

6.9 virtual

Per Voreinstellung sind Elementfunktionen in C++ nicht virtuell. Durch Voranstellen des Schlüsselworts virtual wird eine Elementfunktion als virtuell deklariert. Rein virtuellen Elementfunktionen wird =0 angefügt.

```
class Wertpapier {
public:
  virtual ~Wertpapier();
  virtual DM gibWert() const = 0;
  // ...
};
```

Mit Hilfe virtueller Elementfunktionen wird in C++ Polymorphismus implementiert. Darauf wird in Abschnitt 7.3 im Zusammenhang mit Vererbungsbeziehungen näher eingegangen.

6.10 Überladene Funktionsnamen

In der Analyse wird in erster Linie die Semantik einer Methode festgelegt und ein dazu passender Methodenname vergeben. Aufgrund der strengen Typprüfung in C++ kann eine Methode mehrere Umsetzungen in Elementfunktionen erfordern, die alle denselben Namen, aber unterschiedliche Signaturen besitzen. Dies wird mittels überladener Funktionsnamen erreicht. Die verschiedenen Implementationen einer überladenen Funktion sollten semantisch vergleichbar sein (Papurt 1995).

Standardargumente sind im Zusammenhang mit überladenen Funktionen mit Bedacht einzusetzen, weil Mehrdeutigkeiten beim Aufruf entstehen können (Papurt 1995).

```
class X {
public:
  void f(double=0);
  void f();
};

void test(X& x) {
  x.f();  // Fehler: mehrdeutig
}
```

Funktionen können nicht überladen werden, wenn sie sich nur durch den Rückgabetyp, durch static oder durch typedef-Namen unterscheiden (ARM §13). Das Überladen einer nicht const mit einer const Elementfunktion ist dagegen möglich und sinnvoll (ARM §13.2). (Gleiches gilt für `volatile`.)

6.11 Ausnahmespezifikationen

Für Funktionen kann eine Ausnahmespezifikation angegeben werden, in der Ausnahmen aufgeführt sind, die von der Funktion ausgeworfen werden können (ARM §15.5). Das Auswerfen einer Ausnahme, die nicht angegeben wurde, führt zum Aufruf der Funktion `unexpected()`, was standardmäßig den Abbruch des Programms zur Folge hat.

Die Funktion `unexpected()` kann durch eine eigene Version ersetzt werden, die den Fehler protokolliert und die Ausnahme mittels `throw;` nochmals auswirft (FAQ 271). So wird der unmittelbare Programmabbruch vermieden, wenn die Ausnahme auf höherer Ebene aufgefangen wird. Allerdings gibt es keinen portablen Weg, um anzugeben, welche Funktion für die Ausnahmesituation verantwortlich ist.

Prinzipiell kann zwar bereits beim Übersetzen geprüft werden, ob der Auswurf einer nicht angegebenen Ausnahme möglich ist, aber die Beseitigung solcher Ungereimtheiten ist äußerst aufwendig (ARM §15.5). Deshalb sollten für Funktionen grundsätzlich keine `throw`-Listen angeben werden (Taligent 1994). Es ist nicht praktikabel, für eine Funktion alle Ausnahmen anzugeben, die potentiell von ihr ausgeworfen werden können, weil dazu alle direkt und indirekt aufgerufenen Funktionen untersucht werden müssen. Außerdem sind Funktionen mit `throw`-Liste schlechter zu warten als Funktionen ohne, denn durch jede Ausnahme, die nachträglich in die `throw`-Liste einer Funktion aufgenommen wird, kann die `throw`-Liste einer anderen Funktion, die die erste aufruft, ungültig werden (Papurt 1995).

Trotzdem sollte das Tool dem Benutzer die Möglichkeit einräumen, eine `throw`-Liste anzugeben, da insbesondere für Funktionen, die selbst keine Funktionen aufrufen, die Angabe unkritisch ist. Außerdem ist die Angabe bei konsistentem Gebrauch durchaus sinnvoll, wenngleich u. U. sehr aufwendig zu pflegen. (Siehe auch Meyers 1996.)

Beim Überschreiben virtueller Elementfunktionen sollten nur Ausnahmen ausgeworfen werden, die zu denen der Ausnahmeliste der Basisklassendeklaration passen, d. h. entweder die gleichen Typen bzw. Klassen oder davon abgeleitete Klassen (vgl. FAQ 263).

Destruktoren sollen keine Ausnahmen auswerfen, weil dies im Rahmen des „Stack-unwindings" standardmäßig zum Programmabbruch durch Aufruf der Funktion `terminate()` führt (FAQ 267).

6.12 Implizite Methoden

Die impliziten Methoden werden in der Regel im Analysemodell nicht aufgeführt. Zu ihnen zählen neben den in Abschnitt 4.5 aufgeführten Konstruktoren, dem Destruktor, dem Zuweisungs- und dem Vergleichsoperator auch die Zugriffs- und Verbindungsfunktionen.

6.12.1 Konstruktoren

Konstruktoren dienen zur Initialisierung von Datenelementen. Im Gegensatz zu „normalen" Elementfunktionen haben sie keine Rückgabewerte und können nicht als `const`, `volatile`, `virtual` oder `static` deklariert werden. Sie tragen den Namen ihrer Klasse (ARM §9.3.1 und §12.1).

Nach Art der Initialisierung der Datenelemente (siehe auch Abschnitt 5.3) sind generell drei Konstruktorarten zu unterscheiden:

- Im Standardkonstruktor werden die Datenelemente mit ihrem Initialisierungswert initialisiert. Gibt es keinen Initialisierungswert, wird der Standardkonstruktor des entsprechenden Datentyps benutzt. Für vordefinierte Typen heißt dies, daß eine Initialisierung mit `0` erfolgt (WP §8.5 und §12.6.2).
- Im Copy-Konstruktor werden die Datenelemente mit den entsprechenden Werten des Arguments initialisiert.
- In anderen Konstruktoren werden in der Regel Argumente zur Initialisierung der Datenelemente verwendet. Dabei kann der Initialisierungswert u. U. als Standardargument dienen.

Im folgenden Beispiel werden die unterschiedlichen Initialisierungen anhand der zwei Attribute `a` und `b` der Klasse `X` verdeutlicht. Für das Attribut `b` wurde der Initialisierungswert `4711` angegeben.

```
class X {
public:
  X() : b(4711) {}  // Standardinitialisierung fuer a
  X(const X& x) : a(x.a), b(x.b) {}
  explicit X(int aa, int bb=4711) : a(aa), b(bb) {}
private:
  int a, b;
};
```

6.12.1.1 Initialisiererlisten

„Initialize all member objects [...] explicitly in the initialization list of a constructor." (FAQ 183)

„When implementing a constructor, member initialization is preferable to assignment." (Papurt 1995)

Für jeden Konstruktor kann eine Initialisiererliste angegeben werden, die zur Initialisierung der nicht `static` Datenelemente der Objekte der Klasse dient. Während Referenzen und Konstanten auf diese Weise initialisiert werden müssen, besteht für andere Datenelemente Wahlfreiheit. Sofern sie nicht in der Initialisiererliste stehen, wird der zugehörige Standardkonstruktor aufgerufen. Werden sie anschließend im Rumpf des Konstruktors per Zuweisung mit Werten versorgt, ist dies ungünstiger als die Initialisierung, weil statt eines Konstruktoraufrufs dann der Standardkonstruktor und zusätzlich der Zuweisungsoperator ausgeführt werden. Lediglich bei Datentypen, deren Standardkonstruktor keine Funktionalität enthält (z. B. den vordefinierten Datentypen), fällt dies nicht ins Gewicht. Allerdings muß bei nachträglichen Änderungen des Datentyps die Frage nach der Initialisierung neu beantwortet werden, was nicht nötig ist, wenn sie gleich in die Initialisiererliste aufgenommen werden (vgl. ARM §12.6.2, FAQ 183, Keffer 1995, Meyers 1991, Papurt 1995 und Stroustrup 1994a).

Werden in den Konstruktoren einer Klasse die gleichen Initialisierungen vorgenommen, so ist die Definition einer (nicht virtuellen) Initialisierungsfunktion zu prüfen, die in den Rümpfen der Konstruktoren aufgerufen und im `private` Teil deklariert wird (ARM §12.1). Dabei ist jedoch zu beachten, daß dies nur mittels Standardkonstruktor und Zuweisungsoperator zu bewerkstelligen ist, was die gerade geschilderten Nachteile mit sich bringt.

Die Initialisiererlisten der Konstruktoren sollten so aufgebaut werden, daß die Reihenfolge der tatsächlichen Initialisierung mit der Reihenfolge der Nennungen übereinstimmt. Sofern vorhanden sind also zuerst die Teilobjekte virtueller Basisklassen, dann die Teilobjekte nicht virtueller Basisklassen und abschließend die Datenelemente in der Reihenfolge ihrer Deklaration aufzuführen (vgl. ARM §12.6.2, FAQ 188 und Meyers 1991).

Sollte die Initialisierung eines Datenelements mit einem anderen Datenelement derselben Klasse notwendig sein, entweder direkt, indem auf das andere Datenelement zugegriffen wird, oder indirekt, indem eine Elementfunktion der Klasse aufgerufen wird, so ist es am sichersten, dies im Rumpf des Konstruktors zu tun (Lippman 1995b). Dann ist klar, welche Datenelemente bereits initialisiert sind. Wird dennoch die Initialisiererliste benutzt, sollte die Abhängigkeit von der Deklarationsreihenfolge der Datenelemente in der Klasse als Kommentar angegeben werden (FAQ 190).

Für Konstruktorparameter können dieselben Namen wie für die entsprechenden Datenelemente verwendet werden (ARM §9.3.1 und §10.4), jedoch verschlechtert dies die Lesbarkeit.

```
class X {
public:
  X(int a, int b) : a(a) { this->b = b; }
private:
  int a, b;
};
```

6.12.1.2 Standardkonstruktor

Der Standardkonstruktor einer Klasse muß ohne Argument aufgerufen werden können (ARM §12.1). Seine Parameterliste muß also entweder leer sein oder für alle Parameter Standardargumente vorsehen. Sofern kein Konstruktor für eine Klasse definiert ist, generiert der Compiler den Standardkonstruktor (siehe Abschnitt 6.12.4).

Standardkonstruktoren werden benötigt, um ein Feld von Objekten anzulegen oder wenn parametrisierte Containerklassen benutzt werden sollen und diese ihn verwenden. Darüber hinaus vereinfachen sie die Verwendung von virtuellen Basisklassen, weil in den abgeleiteten Klassen kein expliziter Konstruktoraufruf notwendig ist. Trotzdem sollte für eine Klasse nur dann ein Standardkonstruktor definiert werden, wenn dieser die Objekte der Klasse auch in einen gültigen Zustand versetzen kann (Meyers 1996).

6.12.1.3 Copy-Konstruktor

Der Copy-Konstruktor hat in der Regel für eine Klasse namens `T` die Form `T::T(const T&)` (ARM §12.1). Weitere Parameter sind erlaubt, sofern für sie Standardargumente vereinbart sind. Ist für eine Klasse kein Copy-Konstruktor explizit definiert worden, so generiert der Compiler einen (siehe Abschnitt 6.12.4).

Im Normalfall sollen Objekte der Klasse kopiert werden können, so daß der Copy-Konstruktor `public` zu deklarieren ist. Um das Kopieren von Objekten der Klasse zu verhindern, kann der Copy-Konstruktor `private` deklariert werden, ohne eine Definition anzugeben (siehe Abschnitt 4.6).

6.12.2 Destruktor

Ein Destruktor hat hauptsächlich die Aufgabe, die im Konstruktor reservierten Ressourcen (Speicher, Dateien usw.) freizugeben. Ein Destruktor besitzt keine Parameter und keinen Rückgabewert. Sein Name leitet sich aus dem Klassennamen ab, dem eine Tilde ~ vorangestellt wird. Er kann weder als `static` noch als `const` oder `volatile` deklariert werden, aber er kann virtuell sein (ARM §9.3.1 und §12.4).

Der Destruktor einer Klasse sollte virtuell definiert werden, wenn die Klasse mindestens eine virtuelle Elementfunktion hat und/oder als Basisklasse vorgesehen ist (ARM §12.4). Dadurch ist sichergestellt, daß beim Löschen polymorpher Objekte nicht nur der Destruktor der Basisklasse ausgeführt wird.

```
class Wertpapier {
public:
  virtual ~Wertpapier();
  // ...
};
```

```
class Aktie : public Wertpapier {
public:
  ~Aktie();
  Aktie(const string& kn, const string& e, DM nw, DM kw,
    DM d);
  // ...
};

void test() {
  Wertpapier* wp = new Aktie("134", "SAP", 5, 196, 0.85);
  // ...
  delete wp;   // ~Aktie() und ~Wertpapier()
}              // werden aufgerufen.
```

Im Normalfall wird der Destruktor `public` deklariert. Ausnahmen von dieser Regel sind in Abschnitt 4.6 beschrieben.

Wenn eine Klasse ein Zeigerdatenelement und/oder einen Destruktor, der nicht triviale Anweisungen ausführt, besitzt, so sind meist auch die Definitionen des Copy-Konstruktors und des Zuweisungsoperators erforderlich (Stroustrup 1994a). Dies wurde auch als *„The Law of The Big Three“* formuliert: *„If a class needs a destructor, or a copy constructor, or an assignment operator, it needs them all.“* (FAQ 199)

6.12.3 Zuweisungsoperator

Der Zuweisungsoperator hat in der Regel die Form `T& operator=(const T&)` und gibt standardmäßig eine Referenz auf das Objekt, für das er aufgerufen wurde, zurück (ARM §12.8 und Meyers 1991). Es ist aber auch möglich, andere Rückgabetypen zu verwenden, wobei speziell `void`, `T` und `const T&` in Frage kommen. Wenn der Zuweisungsoperator nicht definiert ist, generiert der Compiler ihn unter bestimmten Bedingungen automatisch (siehe Abschnitt 6.12.4).

Es sind Zuweisungen an alle Datenelemente vorzunehmen (vgl. Meyers 1991), wobei die gleiche Reihenfolge wie bei der Initialisierung eingehalten werden sollte (FAQ 213).

Zuweisungen der Art `x = x` sollten bei der Implementation des Zuweisungsoperators berücksichtigt werden (vgl. z. B. Cargill 1992 und Meyers 1991). Dies *muß* nicht mittels einer expliziten Fallunterscheidung geschehen, denn: *„The goal is to make self-assignment harmless, not to make it fast.“* (FAQ 220)

```
class Feld {
public:
  Feld(int a) : anz(a) { k = new int[anz]; }
  ~Feld() { delete[] k; }
  Feld& operator=(const Feld&);
  // ...
private:
  int anz, *k;
};
```

```
Feld& Feld::operator=(const Feld& f) {
  if (anz != f.anz) {
    delete[] k;
    k = new int[anz = f.anz];
  }
  for(int i=0; i<anz; ++i) k[i] = f.k[i];
  return *this;
}
```

Der Zuweisungsoperator ist als nicht `static` Elementfunktion zu definieren. Er kann `inline` und/oder `const` sein, wobei letzteres das Ändern von Datenelementen nicht zuläßt und somit äußerst ungewöhnlich ist. Er wird nicht vererbt, kann aber trotzdem virtuell sein (ARM §13.4.3).

„An ABC's [abstract base class] assignment operator can be virtual only if all derived classes of the ABC will be assignment compatible with all other derived classes .... Classes derived from a base class are assignment compatible if and only if there's an isomorphism between the abstract states of the classes." (FAQ 218) Mit anderen Worten, der Zuweisungsoperator einer abstrakten Basisklasse kann `public` und virtuell sein, wenn die Objekte aller abgeleiteten Klassen zuweisungskompatibel sind. Bei der Zuweisung von Objekten unterschiedlicher abgeleiteter Klassen können nur die Elementfunktionen benutzt werden, die in der gemeinsamen Basisklasse deklariert sind. Es werden keine expliziten Typumwandlungen durchgeführt.

Wenn die Basisklasse `B` nicht abstrakt ist und der Zuweisungsoperator virtuell deklariert wird, ist zur Laufzeit zu prüfen, ob die an der Zuweisung beteiligten Objekte kompatibel sind. Wenn nötig, werden explizite Typumwandlungen vorgenommen.

```
class B {  // nicht abstrakte Basisklasse
public:
  virtual ~B() {}
  virtual B& operator=(const B&);
};

class A1 : public B {
public:
  A1& operator=(const A1&);
  A1& operator=(const B&);
};

class A2 : public B {
public:
  A2& operator=(const A2&);
  A2& operator=(const B&);
};

A1& A1::operator=(const A1& a) {  // analog fuer A2
  B::operator=(a);
  // ...
  return *this;
}
```

```
A1& A1::operator=(const B& x) {  // analog fuer A2
  return A1::operator=(dynamic_cast<const A1&>(x));
}

void test(A1& a11, A1& a12, A2& a21, A2& a22, B b) {
  a11 = a12;
  a21 = a22;
  a11 = a21;   // Fehler zur Laufzeit: bad_cast
  a11 = b;     // Fehler zur Laufzeit: bad_cast
}
```

Um den virtuellen Zuweisungsoperator der Basisklasse überschreiben zu können, muß die abgeleitete Klasse außer ihrem eigenen Zuweisungsoperator einen mit dem Parametertyp der Basisklasse definieren. Der Rückgabetyp kann sich dagegen, wie gezeigt, unterscheiden. (Es wird eine Ausnahme des Typs `bad_cast` ausgeworfen, wenn der `dynamic_cast<const A1&>(x)` nicht erfolgreich ist.)

Bei der folgenden Implementation mit abstrakter Basisklasse `B` und zwei davon abgeleiteten Klassen `A1` und `A2` sind ausschließlich Zuweisungen von Objekten derselben Klasse möglich, was bereits beim Übersetzen durch den Compiler geprüft werden kann, weil der Zuweisungsoperator in der Basisklasse `protected` deklariert ist (FAQ 216 und Meyers 1996).

```
class B {  // abstrakte Basisklasse
public:
  virtual ~B() = 0;
protected:
  B& operator=(const B&);
};

class A1 : public B {
public:
  ~A1();
  A1& operator=(const A1&);   // benutzt B::operator=
};

class A2 : public B {
public:
  ~A2();
  A2& operator=(const A2&);   // benutzt B::operator=
};

void test(A1& a11, A1& a12, A2& a21, A2& a22) {
  a11 = a12;
  a21 = a22;
  a11 = a21;  // Fehler beim Uebersetzen
}
```

Aus den vorgestellten Implementationen soll der Benutzer im Design eine auswählen können, für die der Codegenerator den Programmcode erzeugt. Anschließend soll der Benutzer die Möglichkeit haben, den Programmcode anzupassen.

6.12.4 Compilergenerierte Elementfunktionen

Da C++ als Nachfolger der Programmiersprache C möglichst kompatibel zum Vorgänger sein soll (ARM §18), haben die Operatoren = (Zuweisung), & (Adreßoperator) und , (Kommaoperator) für Klassenobjekte vordefinierte Bedeutungen (Stroustrup 1994a). Darüber hinaus generiert der Compiler u. U. den Standardkonstruktor, den Copy-Konstruktor und den Destruktor. Außerdem sind die Operatoren zur Speicherverwaltung `new`, `new[]`, `delete` und `delete[]` verfügbar.

Wenn die vordefinierte Bedeutung unpassend ist, kann die Benutzung entweder mittels `private` Deklaration unterbunden oder durch sinnvolle Definitionen unterstützt werden. Insbesondere bedeutet dies, daß es `private` Elementfunktionen gibt, die die `public` Schnittstelle einer Klasse beeinflussen (Carroll und Ellis 1995).

Wenn automatisch vom Compiler generierte Elementfunktionen benutzt werden, können auskommentierte Deklarationen mit entsprechendem Kommentar in die Klasse aufgenommen werden, um zu dokumentieren, daß dies beabsichtigt ist.

```
class Complex {
public:
  // ~Complex(); generiert der Compiler
  // Complex(const Complex&); dito
  // Complex& operator=(const Complex&); dito
  // ...
private:
  double re, im;
};
```

Andererseits können solche Elementfunktionen auch so definiert werden, wie sie der Compiler generiert (Papurt 1995). Bei Änderungen an den Datenelementen ist in beiden Fällen zu prüfen, ob die bisherige Arbeitsweise noch korrekt ist.

6.12.5 Zugriffsfunktionen

> *„Where possible, provide accessor operations (read and update) for attributes rather than making attributes public."* (Yourdon et al. 1995)

Den Prinzipien der Datenkapselung folgend sind die Datenelemente von außen nicht zugreifbar. Das Abfragen und Ändern des Zustands eines Objekts ist nur über die von den Elementfunktionen gebildete öffentliche Schnittstelle möglich. Diese sollte sich auf einem möglichst hohen Abstraktionsniveau bewegen, damit die zugrundeliegende Implementation modifizierbar ist, ohne die Schnittstelle zu beeinflussen. Deshalb sollten Zugriffsfunktionen der Art `setzeAttribut` und `gibAttribut` nur in begründeten Fällen und nicht standardmäßig für alle Datenelemente bereitgestellt werden (vgl. FAQ 70 f.).

Hat beispielsweise ein dynamisches Feld ein Datenelement `int anzahl`, das die aktuelle Anzahl der Feldkomponenten angibt, könnte es katastrophale Folgen haben, wenn mittels einer Zugriffsfunktion `void setzeAnzahl(int)` die Anzahl auf einen Wert gesetzt wird, der nicht mit der Anzahl der Feldkomponenten übereinstimmt. Dagegen ist eine Funktion `int gibAnzahl()` nützlich.

Für logische Datenelemente vom Typ `bool` ist das Abfragen des Werts mittels `istAttribut` mitunter lesbarer (Taligent 1994). Dabei sollten die Namen innerhalb einer `if`-Anweisung „sinnvoll" lesbar sein und die Antwort `true` widerspiegeln (FAQ 75).

Für die Klasse `Posten` des Depotbeispiels wären Zugriffsfunktionen der folgenden Art denkbar:

```
class Posten {
public:
  void setzeStueck(Stueck s) { stueck = s; }
  Stueck gibStueck() const { return stueck; }
  bool istLeer() const { return stueck == 0; }
  // ...
private:
  Stueck stueck;
};
```

Die Elementfunktionen `setzeStueck` und `gibStueck` kann der Codegenerator automatisch für das Datenelement `stueck` erzeugen. Die Funktion `istLeer` muß dagegen der Benutzer definieren, weil es sich hierbei um keine Standardzugriffsfunktion für den Datentyp `Stueck` handelt.

Die Zugriffsfunktion `setzeStueck` ist zum Kauf und Verkauf von Wertpapieren unpraktisch. Deshalb sollte der Benutzer statt dessen die Elementfunktionen `verkaufen` und `kaufen` definieren.

```
class Posten {
public:
  void verkaufen(Stueck s) { stueck -= s; }
  void kaufen(Stueck s) { stueck += s; }
  Stueck gibStueck() const { return stueck; }
  bool istLeer() const { return stueck == 0; }
  // ...
private:
  Stueck stueck;
};
```

Hat ein Datenelement einen komplexen Datentyp, so ist es in der Regel effizienter, Referenzen für die Parameter und Rückgabewerte zu verwenden, da Kopiervorgänge entfallen. Insbesondere Funktionsrückgabewerte sollten dabei wie Kopien benutzt werden, d. h. es ist nicht ratsam, ihre Adresse zur späteren Verwendung zu speichern.

```
class Person {
public:
```

```
    void setzeName(const string& n) { name = n; }
    const string& gibName() const { return name; }
  private:
    string name;
  };
```

Wie gezeigt, sollte die Funktion zum Lesen des Werts `const` sein. Die von ihr gelieferte Referenz ist `const`, damit die Datenkapselung gewahrt bleibt, denn *„exposing member variables ... by providing set and get functions that allow the user manipulate them directly is almost never a good idea“* (Stroustrup 1994a).

Die Funktion zum Setzen des Werts sollte keinen Rückgabewert liefern, weil dieser Wert – sei es der alte oder der neue – auch mit Hilfe der Funktion zum Lesen vorher bzw. nachher ermittelt werden kann.

Zugriffsfunktionen werden meist als nicht virtuelle `inline` Funktionen definiert. Sie können aber auch virtuell definiert werden, damit abgeleitete Klassen sie z. B. zwecks Zugriffsüberwachung überschreiben können. In diesem Fall sollten sie von der sie definierenden Klasse auch intern benutzt werden (Taligent 1994).

Zugriffsfunktionen für Datenelemente, die aufgrund von Objekt- oder Aggregationsbeziehungen in eine Klasse aufgenommen wurden, gehören zu den Verbindungsfunktionen und werden in Abschnitt 8.8 vorgestellt.

6.13 Operatoren

> *„Although there are exceptions, as a rule, overloaded* `operator` *semantics should* mimic *corresponding built-in* `operator` *semantics.“* (Papurt 1995)

Eine Besonderheit der Programmiersprache C++ ist die Möglichkeit, Operatoren für benutzerdefinierte Klassen überladen zu können. Dadurch können Objekte benutzerdefinierter Klassen ähnlich behandelt werden wie Objekte vordefinierter Datentypen. Damit die Benutzung überladener Operatoren nicht zu unangenehmen Überraschungen führt, ist es wichtig, daß diese den üblichen Konventionen folgen und in sich konsistent implementiert werden. Operatoren konsistent überladen heißt, daß z. B. `++x` und `x+=1` denselben Effekt wie `x=x+1` haben sollten (Stroustrup 1994a).

Das Tool soll die Programmentwicklung vereinfachen. In bezug auf das Überladen von Operatoren heißt dies, daß möglichst viel vorgegeben werden soll, damit dem Benutzer Arbeit abgenommen wird und Fehlerquellen gemieden werden. Im folgenden wird dargestellt, welche speziellen Eigenschaften die einzelner Operatoren besitzen und wie diese in sinnvolle Standardvorgaben umgesetzt werden können. Außerdem wird gezeigt, inwieweit die Definition für einzelne Operatoren aus den vorhandenen Daten generiert werden kann.

Die Tabelle 6.1 enthält die Operatoren, die überladen werden können.

<table>
<tr><td>new</td><td>delete</td><td>new[]</td><td>delete[]</td><td></td><td></td><td></td><td></td><td></td></tr>
<tr><td>+</td><td>-</td><td>*</td><td>/</td><td>%</td><td>^</td><td>&</td><td>|</td><td>~</td></tr>
<tr><td>!</td><td>=</td><td><</td><td>></td><td>+=</td><td>-=</td><td>*=</td><td>/=</td><td>%=</td></tr>
<tr><td>^=</td><td>&=</td><td>|=</td><td><<</td><td>>></td><td>>>=</td><td><<=</td><td>==</td><td>!=</td></tr>
<tr><td><=</td><td>>=</td><td>&&</td><td>||</td><td>++</td><td>--</td><td>,</td><td>->*</td><td>-></td></tr>
<tr><td>()</td><td>[]</td><td></td><td></td><td></td><td></td><td></td><td></td><td></td></tr>
</table>

Tabelle 6.1: Überladbare Operatoren
Quelle: WP §13.5

Es gibt mehrere Gruppen zusammengehöriger Operatoren, die in Tabelle 6.2 zusammengestellt sind. In der Regel ist es sinnvoll, aus einer solchen Gruppe nicht nur einige, sondern alle Operatoren zu definieren.

<table>
<tr><td>Additive Operatoren</td><td>+</td><td>+=</td><td>++</td><td>-</td><td>-=</td><td>--</td></tr>
<tr><td>Multiplikative Operatoren</td><td>*</td><td>*=</td><td>/</td><td>/=</td><td>%</td><td>%=</td></tr>
<tr><td>Vergleichsoperatoren</td><td><</td><td><=</td><td>==</td><td>!=</td><td>></td><td>>=</td></tr>
<tr><td>Logische Operatoren</td><td>!</td><td>&&</td><td>||</td><td></td><td></td><td></td></tr>
<tr><td>Bitoperatoren</td><td>^ ^=</td><td>| |=</td><td>& &=</td><td><< <<=</td><td>>></td><td>>>= ~</td></tr>
<tr><td>Ein- und Ausgabe</td><td>>></td><td><<</td><td></td><td></td><td></td><td></td></tr>
<tr><td>Speicherverwaltung</td><td>new</td><td>delete</td><td>new[]</td><td>delete[]</td><td></td><td></td></tr>
<tr><td>Zeiger und Felder</td><td>-></td><td>*</td><td>[]</td><td>&</td><td></td><td></td></tr>
</table>

Tabelle 6.2: Operatorgruppen

Die Shift-Operatoren << und >> sind für die Ein- und Ausgabe überladen und gehören deshalb zu zwei Gruppen. Die Operatoren `+`, `-`, `&` und `*` treten als ein- und zweistellige Operatoren auf. Die folgenden Operatoren nehmen jeweils eine Sonderstellung ein und sind daher keiner Gruppe zugeordnet:

`->*`	Zeiger auf Klassenelement
`,`	Kommaoperator
`()`	Funktionsaufrufoperator

6.13.1 Eigenschaften von Operatorfunktionen

Nur die Operatoren zur Speicherverwaltung (`new`, `delete`, `new[]` und `delete[]`) sind `static` Elementfunktionen. Alle anderen Operatoren können nicht als `static` Elementfunktion realisiert werden. Bis auf den Zuweisungsoperator werden sämtliche Operatoren, die als Elementfunktion definiert sind, vererbt (ARM §13.4.3). Außer für die Operatoren zur Speicherverwaltung und `->` gibt es keine Restriktionen bezüglich des Rückgabetyps (ARM §13.4). Für überladene Operatoren sind keine Standardargumente erlaubt (ARM §13.4).

Abgesehen von den Operatoren zur Speicherverwaltung, `=`, `()`, `[]` und `->`, die als Elementfunktionen definiert werden müssen, besteht grundsätzlich die Auswahl zwischen der Definition als Element- oder als globale (meist friend-) Funktion. Einstellige (wie z. B. ++) und zweistellige Operatoren, die für die vordefinierten Datentypen als linken Operanden einen L-Wert benötigen (wie beispielsweise +=), sollten als Elementfunktion definiert werden. Sind dagegen für zweistellige Operatoren implizite Typkonversionen für beide Operanden gewünscht, ist der Operator (wie z. B. ==) als globale Funktion zu implementieren (ARM §11.4 und §13.4, Stroustrup 1994a).

Zweistellige Operatoren können für eine Klasse mit unterschiedlichen Parametern überladen werden. Zum Beispiel

```
class Bruch {
public:
  friend Bruch operator+(const Bruch&, const Bruch&);
  friend Bruch operator+(const Bruch&, int);
  friend Bruch operator+(int, const Bruch&);
  Bruch& operator+=(const Bruch&);
  Bruch& operator+=(int);
  bool operator!() const;
  bool operator!();
  // ...
};
```

Da einstellige Operatoren kein zweites Argument haben, können sie auch nicht für verschiedene Argumente überladen werden. Es ist aber möglich, Definitionen vorzunehmen, die sich lediglich durch const oder nicht const und volatile oder nicht volatile unterscheiden.

6.13.2 Vorschläge zur Umsetzung überladener Operatoren

Die Tabelle 6.3 enthält eine Übersicht über Vorschläge zur Deklaration von Operatoren. Wenn ein Operator als Elementfunktion, aber nicht als friend-Funktion realisierbar ist (z. B. =), steht ein • in der Spalte „Element" und ein - in der Spalte „friend". Sind beide Realisierungen möglich (z. B. / und /=), gibt ein • in der entsprechenden Spalte an, welche Realisierung bevorzugt wird.

Die zweite Spalte gibt die Stelligkeit der Operatoren an. Für einstellige Operatoren wird generell die Definition als Elementfunktion ohne Parameter bevorzugt (z. B. !). Die Spalte „Argument" ist somit ausschließlich für zweistellige Operatoren relevant und gibt dann den Typ des zweiten Arguments an. T steht für die Klasse, zu der der Operator gehört.

Die Spalte „Rückgabewert" gibt Auskunft über den Typ des Rückgabewerts. Ist dieser vom Typ T&, wird *this zurückgegeben.

Ein • in der Spalte „const" zeigt an, daß ein Operator das Objekt in der Regel nicht modifiaiert. Für Elementfunktionen heißt dies, daß sie const zu spezifizieren sind. Bei friend-Funktionen ist statt dessen das Objekt der Klasse const, d. h. der Typ des ersten (beim Ausgabeoperator des zweiten) Parameters ist const T&.

Zwingende Vorgaben für Argument und Rückgabewert sind durch Fettdruck gekennzeichnet (z. B. für ++ und -- in der Postfixvariante).

Ob ein Operator `inline` umgesetzt werden kann oder nicht, muß im Einzelfall entschieden werden. Daher wird kein entsprechender Vorschlag unterbreitet. Kein Operator soll die Vorgabe `volatile` erhalten. Sämtliche Operatoren gehören standardmäßig zur `public` Schnittstelle und sind nicht virtuell.

<table>
<tr><th>Operator</th><th></th><th>Element</th><th>friend</th><th>Argument</th><th>Rückgabewert</th><th>const</th></tr>
<tr><td colspan="7">Additive Operatoren</td></tr>
<tr><td>+ Vorzeichen</td><td>1</td><td>•</td><td></td><td>-</td><td>T</td><td>•</td></tr>
<tr><td>+ Addition</td><td>2</td><td></td><td>•</td><td>const T&</td><td>T</td><td>•</td></tr>
<tr><td>+=</td><td>2</td><td>•</td><td></td><td>const T&</td><td>T&</td><td></td></tr>
<tr><td>++ Präfix</td><td>1</td><td>•</td><td></td><td>-</td><td>T&</td><td></td></tr>
<tr><td>++ Postfix</td><td>1*</td><td>•</td><td></td><td>int</td><td>T</td><td></td></tr>
<tr><td>- Vorzeichen</td><td>1</td><td>•</td><td></td><td>-</td><td>T</td><td>•</td></tr>
<tr><td>- Subtraktion</td><td>2</td><td></td><td>•</td><td>const T&</td><td>T</td><td>•</td></tr>
<tr><td>-=</td><td>2</td><td>•</td><td></td><td>const T&</td><td>T&</td><td></td></tr>
<tr><td>-- Präfix</td><td>1</td><td>•</td><td></td><td>-</td><td>T&</td><td></td></tr>
<tr><td>-- Postfix</td><td>1*</td><td>•</td><td></td><td>int</td><td>T</td><td></td></tr>
<tr><td colspan="7">Multiplikative Operatoren</td></tr>
<tr><td>* Multiplikation</td><td>2</td><td></td><td>•</td><td>const T&</td><td>T</td><td>•</td></tr>
<tr><td>*=</td><td>2</td><td>•</td><td></td><td>const T&</td><td>T&</td><td></td></tr>
<tr><td>/</td><td>2</td><td></td><td>•</td><td>const T&</td><td>T</td><td>•</td></tr>
<tr><td>/=</td><td>2</td><td>•</td><td></td><td>const T&</td><td>T&</td><td></td></tr>
<tr><td>%</td><td>2</td><td></td><td>•</td><td>const T&</td><td>T</td><td>•</td></tr>
<tr><td>%=</td><td>2</td><td>•</td><td></td><td>const T&</td><td>T&</td><td></td></tr>
<tr><td colspan="7">Vergleichsoperatoren</td></tr>
<tr><td><</td><td>2</td><td></td><td>•</td><td>const T&</td><td>bool</td><td>•</td></tr>
<tr><td><=</td><td>2</td><td></td><td>•</td><td>const T&</td><td>bool</td><td>•</td></tr>
<tr><td>==</td><td>2</td><td></td><td>•</td><td>const T&</td><td>bool</td><td>•</td></tr>
<tr><td>!=</td><td>2</td><td></td><td>•</td><td>const T&</td><td>bool</td><td>•</td></tr>
<tr><td>></td><td>2</td><td></td><td>•</td><td>const T&</td><td>bool</td><td>•</td></tr>
<tr><td>>=</td><td>2</td><td></td><td>•</td><td>const T&</td><td>bool</td><td>•</td></tr>
<tr><td colspan="7">Logische Operatoren</td></tr>
<tr><td>!</td><td>1</td><td>•</td><td></td><td>-</td><td>bool</td><td>•</td></tr>
<tr><td>&&</td><td>2</td><td></td><td>•</td><td>const T&</td><td>bool</td><td>•</td></tr>
<tr><td>||</td><td>2</td><td></td><td>•</td><td>const T&</td><td>bool</td><td>•</td></tr>
<tr><td colspan="7">Bitoperatoren</td></tr>
<tr><td>^</td><td>2</td><td></td><td>•</td><td>const T&</td><td>T</td><td>•</td></tr>
<tr><td>^=</td><td>2</td><td>•</td><td></td><td>const T&</td><td>T&</td><td></td></tr>
<tr><td>|</td><td>2</td><td></td><td>•</td><td>const T&</td><td>T</td><td>•</td></tr>
<tr><td>|=</td><td>2</td><td>•</td><td></td><td>const T&</td><td>T&</td><td></td></tr>
<tr><td>& bitweises Und</td><td>2</td><td></td><td>•</td><td>const T&</td><td>T</td><td>•</td></tr>
<tr><td>&=</td><td>2</td><td>•</td><td></td><td>const T&</td><td>T&</td><td></td></tr>
</table>

Operator		Element	friend	Argument	Rückgabewert	const
<<	2		•	const T&	T	•
<<=	2	•		const T&	T&	
>>	2		•	const T&	T	•
>>=	2	•		const T&	T&	
~	1	•		-	T	•
Ein- und Ausgabe						
>>	2	-	•	T&	istream&	
<<	2	-	•	const T&	ostream&	•
Speicherverwaltung						
new	-	**static**	-	**size_t**	**void***	-
delete	-	**static**	-	**void***	**void**	-
new[]	-	**static**	-	**size_t**	**void***	-
delete[]	-	**static**	-	**void***	**void**	-
Zeiger und Felder						
->	1	•	-	-	**Zeiger**	
* Dereferenzieren	1	•		-	Referenz	
[]	2	•	-	int	Referenz	
& Adreßoperator	1	•		-	Zeiger	
Sonstige						
=	2	•	-	const T&	T&	
->*	2	•		U V::*	U&	
,	2	•				
()	≥1	•	-			

Tabelle 6.3: Vorschläge zur Umsetzung überladener Operatoren

6.13.3 Additive Operatoren

Es ist normalerweise sinnlos, den einstelligen Vorzeichenoperator + zu überladen, denn: *„Unary plus is a historical accident and generally useless."* (ARM §5.3)

Der einstellige Operator - sollte so überladen werden, daß gilt: `-(-x) == x`.

Die Operatoren `++` und `--` nehmen eine Sonderstellung ein, weil sie als Präfix (`++i`) und Postfix (`i++`) überladbar sind. Die Postfixvariante ist durch einen zweiten Parameter des Typs `int` gekennzeichnet und sollte basierend auf der Präfixversion implementiert werden (FAQ 348).

```
T& T::operator++() { /* inkrementieren */ return *this; }
T& T::operator--() { /* dekrementieren */ return *this; }
T T::operator++(int) {
  T tmp(*this); ++(*this); return tmp;
}
T T::operator--(int) {
  T tmp(*this); --(*this); return tmp;
}
```

Werden die Operatoren + und - zusammen mit += und -= definiert, kann sich die Implementation von + und - auf += bzw. -= stützen (vgl. ARM §12.1.1c und Meyers 1996).

```
class T {
public:
  T& operator+=(const T& x) { /* ... */ return *this; }
  T& operator-=(const T& x) { /* ... */ return *this; }
  friend T operator+(const T& x, const T& y) {
    return T(x)+=y;
  }
  friend T operator-(const T& x, const T& y) {
    return T(x)-=y;
  }
};
```

Diese Technik kann auch für die anderen Operatoren der Form @= (also *=, /=, %=, ^=, |=, &=, <<= und >>=) angewendet werden. Da kein Zugriff auf private Elemente erfolgt, ist auch eine Implementation als globale parametrisierte Funktion denkbar, z. B.

```
template<class T> T operator+(const T& x, const T& y) {
  return T(x)+=y;
}
```

6.13.4 Vergleichsoperatoren

Die Vergleichsoperatoren sind zweistellig, weshalb sie als globale (ggf. friend-) Funktion definiert werden können. Sie verändern ihre Operanden nicht, d. h. beide Parameter sind const. Der Rückgabewert ist typischerweise vom Datentyp bool.

Wenn aus der Gruppe der Vergleichsoperatoren == und < definiert werden, können alle anderen Vergleichsoperatoren mit diesen beiden ausgedrückt werden.

```
class T {
public:
  friend bool operator==(const T& x, const T& y);
  friend bool operator<(const T& x, const T& y);
  friend bool operator!=(const T& x, const T& y) {
    return !(x==y);
  }
  friend bool operator<=(const T& x, const T& y) {
    return !(y<x);
  }
  friend bool operator>=(const T& x, const T& y) {
    return !(x<y);
  }
  friend bool operator>(const T& x, const T& y) {
    return y<x;
  }
};
```

Die Operatoren !=, <=, >= und > sind als friend-Funktionen der Klasse definiert, um die Zugehörigkeit zur public Schnittstelle der Klasse auszudrükken. Weil sie aber nicht auf private oder protected Elemente der Klasse zugreifen, können sie auch als globale nicht friend-Funktion definiert werden. Als parametrisierte Funktionen sind sie für alle Klassen verwendbar, für die die Operatoren < und == eine Bedeutung haben. Mit dieser Technik arbeitet die STL (Stepanov und Lee 1995).

Wenn der Zuweisungsoperator nicht definiert ist, existiert oft auch für den Gleichheitsoperator keine sinnvolle Definition. Wenn der Gleichheitsoperator == dagegen definiert wird, so sollte auch der Ungleichheitsoperator != definiert werden (Taligent 1994).

Für eine Klassenhierarchie, in der Objekte verschiedener Klassen nicht gleich sind, kann der Vergleichsoperator als globale friend-Funktion nach dem folgenden Schema definiert werden (vgl. Taligent 1994):

```
class B {
public:
  friend bool operator==(const B&, const B&);
protected:
  virtual bool istGleich(const B&) const;
  // ...
  int datenB;
};

class A : public B {
protected:
  bool istGleich(const B&) const;
  // ...
  int datenA;
};

bool operator==(const B& x, const B& y) {
  if (typeid(x) != typeid(y)) return false;
  return x.istGleich(y);
}

bool B::istGleich(const B& x) const {
  return datenB == x.datenB;
}

bool A::istGleich(const B& x) const {
  return B::istGleich(x)
    && datenA == dynamic_cast<const A&>(x).datenA;
}
```

6.13.5 Logische Operatoren

Der Operator ! wird in der Regel als const Elementfunktion mit einem Rückgabewert des Datentyps bool definiert. Es sollte gelten: !!x == bool(x) (vgl. Plum und Saks 1991).

Die Operatoren `&&` und `||` sollten nicht überladen werden, da im Gegensatz zu den vordefinierten Versionen immer beide Operanden ausgewertet werden, so daß das gewöhnliche Verhalten nicht nachgebildet werden kann (Meyers 1996).

6.13.6 Ein- und Ausgabeoperatoren

Die Operatoren für die Ein- und Ausgabe nehmen eine Sonderstellung ein, weil ihr erster Parameter vom Typ `istream&` bzw. `ostream&` und nicht vom benutzerdefinierten Klassentyp ist. Damit mehrere Operationen verkettet werden können, sollten sie eine Referenz auf ihr erstes Argument zurückgeben. Normalerweise wird bei der Eingabe das zweite Argument verändert, während es bei der Ausgabe in der Regel `const` ist.

Für eine Klasse `X` sollten Ein- und Ausgabeoperator daher wie folgt überladen werden (Schader und Kuhlins 1995, Stroustrup 1994a):

```
istream& operator>>(istream& is, X& x) {
  // Daten von is nach x uebertragen.
  return is;
}

ostream& operator<<(ostream& os, const X& x) {
  // Daten von x nach os uebertragen.
  return os;
}
```

Im Funktionsrumpf werden typischerweise alle Datenelemente der Klasse eingelesen bzw. ausgegeben, so daß das Tool eine entsprechende Vorgabe, die der Benutzer anschließend gemäß seinen Wünschen modifiziert, vorschlagen soll.

Für Klassenhierarchien stellt die Basisklasse einen Ausgabeoperator zur Verfügung, der eine virtuelle Elementfunktion aufruft, die von abgeleiteten Klassen überschrieben wird. Die Hilfsfunktion sollte `protected` sein, damit nicht mehrere Möglichkeiten für die Ausgabe bestehen (FAQ 238).

```
class Wertpapier {
public:
  friend ostream& operator<<(ostream& os,
      const Wertpapier& w) {
    w.ausgabe(os);
    return os;
  }
protected:
  virtual void ausgabe(ostream& os) const {
    // os << ... Wertpapierdaten ausgeben
  }
  // ...
};

class Aktie : public Wertpapier {
protected:
```

```
    void ausgabe(ostream& os) const {
      Wertpapier::ausgabe(os);
      // os << ... Aktiendaten ausgeben
    }
    // ...
};
```

6.13.7 Speicherverwaltung

Das Besondere an den Operatoren zur Speicherverwaltung (`new`, `delete`, `new[]` und `delete[]`) ist, daß sie die einzigen Operatoren sind, die als `static` Elementfunktionen realisiert werden. Außerdem sind der Typ des Rückgabewerts (`void*` für die beiden Varianten von `new` und `void` für `delete`) und des ersten Parameters (`size_t` aus der Header-Datei `stddef.h` für `new` und `void*` für `delete`) festgelegt. Die genannten Operatoren werden an abgeleitete Klassen vererbt (ARM §12.5 und WP §12.5).

Die typischen Deklarationen der Operatoren zeigt die folgende Klasse.

```
class T {
public:
  static void* operator new(size_t);
  static void* operator new[](size_t);
  static void operator delete(void*);
  static void operator delete[](void*);
  // ...
};
```

Für das Anlegen und Löschen einzelner Objekte werden die Operatoren `new` und `delete`, für Felder dagegen die Operatoren `new[]` und `delete[]` verwendet. Die beiden `delete` Operatoren können einen zweiten Parameter des Typs `size_t` besitzen. Allerdings ist pro Klasse jeder der beiden Operatoren nur einmal erlaubt. Die `new` Operatoren können demgegenüber mehrfach überladen werden, indem weitere Parameter angefügt werden.

Die Effizienz der Speicherverwaltung für Objekte einer Klasse kann u. U. erheblich gesteigert werden, indem benutzerdefinierte Versionen für die Klasse implementiert werden (siehe das Beispiel in Stroustrup 1994a). Die globalen Versionen sollten dagegen nicht überschrieben werden (Keffer 1995).

6.13.8 Zeigerklassen

Die Implementation einer eigenen Speicherverwaltung erfordert oft den Einsatz darauf abgestimmter Zeigerklassen (vgl. Schader et al. 1994). Eine „Smart-pointer"-Klasse, die das Verhalten der „echten" C++-Zeiger möglichst getreu nachbildet, sollte die Operatoren `->`, `*` und `[]` so überladen, daß `z->e`, `(*z).e` und `z[0].e` dasselbe Ergebnis liefern (vgl. ARM §13.4).

Der Indexoperator `[]` muß wie der Pfeiloperator `->` eine nicht `static` Elementfunktion sein (ARM §13.4.6). Der Pfeiloperator darf darüber hinaus keine Parameter besitzen, und für seinen Rückgabewert muß wiederum der Pfeiloperator definiert sein.

```
template<class T> class Zeiger {
public:
  explicit Zeiger(T* t) : z(t) {}
  // ...
  T* operator->() { return z; }
  T& operator*() { return *z; }
  T& operator[](int i) { return z[i]; }
  const T* operator->() const { return z; }
  const T& operator*() const { return *z; }
  const T& operator[](int i) const { return z[i]; }
private:
  T* z;
};
```

6.13.9 Kommaoperator

Der Kommaoperator sollte nicht überladen werden, weil das vordefinierte Verhalten – Auswerten des linken Operanden vor dem Rechten – nicht gewährleistet werden kann, da die Auswertungsreihenfolge von Funktionsargumenten nicht definiert ist (Meyers 1996).

6.13.10 Funktionsaufrufoperator

Der Funktionsaufrufoperator `()` muß als nicht `static` Elementfunktion definiert werden (ARM §13.4.4). Mit seiner Hilfe können z. B. Funktionsobjekte angelegt werden, von denen die STL ausgiebig Gebrauch macht (vgl. Musser und Saini 1996).

```
DM Depot::ermittleGesamtkurswert() const {
  struct SumKW
  : public binary_function<DM, const Posten*, DM> {
    DM operator()(DM sum, const Posten* p) {
      return sum + p->ermittleKurswert();
    }
  };
  return accumulate(posten.begin(), posten.end(), DM(0),
    SumKW());
}
```

Die STL-Funktion `accumulate` benutzt hier ein Funktionsobjekt der Klasse `SumKW`, für die der Funktionsaufrufoperator definiert ist, zur Summierung der Kurswerte eines Depots.

6.13.11 Typumwandlungen

Ebenfalls zu den Operatoren werden Konversionsfunktionen wie beispielsweise `operator int()` gezählt, mit denen ein Objekt einer benutzerdefinierten Klasse in einen anderen Typ (hier `int`) umgewandelt werden kann. Typumwandlungen sind auch mittels *Konversionskonstruktoren*, die mit einem Argument aufgerufen werden können, durchführbar. Ist die angestrebte Typumwandlung mit Konversionsfunktion und Konversionskonstruktor möglich, sollte der Implementation mittels Konstruktor der Vorzug gegeben werden. In zwei Fällen, die mittels Konversionskonstruktoren nicht gelöst werden können, helfen Konversionsfunktionen weiter (ARM §12.3.2):

- Bei der Konversion von einer Klasse in einen vordefinierten Datentyp.
- Bei der Konversion von einer Klasse in eine andere Klasse, wenn die Deklaration dieser anderen Klasse nicht geändert werden kann.

Weil implizite Typumwandlungen mitunter zu überraschendem Programmverhalten führen können, sollten sie nur in begründeten Fällen eingesetzt werden (Meyers 1995b und 1996). Um implizite Typumwandlungen auszuschließen, können Konversionskonstruktoren `explicit` deklariert (WP 12.3.1) und Konversionsfunktionen zunächst durch „normale" Elementfunktionen ersetzt werden. Stellt sich im Laufe der Programmentwicklung heraus, daß eine implizite Typumwandlung häufig benötigt wird, ist die Definition eines entsprechenden Konversionsoperators sinnvoll (Stroustrup 1994a).

Konversionsoperatoren sind als nicht `static` Elementfunktionen zu definieren. Ihr Rückgabetyp leitet sich aus ihrem Namen ab und wird nicht angegeben. Sie können keine Parameter haben. Sie werden vererbt und können virtuell sein (ARM §12.3.2). Sind beim Aufruf überladener Funktionen implizite Typumwandlungen notwendig, behandelt der Compiler Konversionskonstruktoren und Konversionsoperatoren gleich (ARM §13.2).

6.14 „Member-Templates"

„Member-Templates" sind parametrisierte Elementfunktionen mit eigenen Template-Parametern. Zusätzlich zu „normalen" Elementfunktionen sind somit die Template-Parameter festzulegen.

Von dieser Möglichkeit macht die STL Gebrauch. Zum Beispiel ist ein Konstruktor der Klasse `vector` als parametrisierte Elementfunktion deklariert, damit er mit beliebigen `InputIteratoren` arbeiten kann.

```
template <class T> class vector {
public:
  template<class InputIterator>
    vector(InputIterator first, InputIterator last);
  // ...
};
```

6.15 Zusammenfassung

Die Analysenamen für Methoden sollen vom Tool in Designnamen, die mit einem Kleinbuchstaben beginnen, umgewandelt werden. Die Parametertypen und der Rückgabetyp sind möglichst aus der Analyse zu übernehmen. Die Voreinstellung für Elementfunktionen ist `public`, aber nicht `const`, `inline`, `volatile`, `static` oder `virtual`. Für `inline` Funktionen sollen gemäß Abschnitt 6.5 `inline`-Dateien erzeugt werden können.

Die Bereiche der impliziten Methoden (siehe Abschnitt 6.12) und der überladenen Operatoren (siehe Abschnitt 6.13) sind prädestiniert für den Einsatz eines Codegenerators, weil die Definitionen der zugehörigen Elementfunktionen weitgehend standardisiert sind. Es ist geplant, das MAOOAM*Tool* auf diesem Gebiet auszubauen, damit die vorgestellten Implementationsmuster und -techniken bei der Codegenerierung berücksichtigt werden. Insbesondere soll der Benutzer aus einer vorgelegten Liste von überladbaren Operatoren die benötigten auswählen können. Die erzeugten Implementationen orientieren sich an den Angaben in Tabelle 6.3.

Vom Benutzer nicht spezifizierte Elementfunktionen, die vom C++-Compiler automatisch generiert werden (vgl. Abschnitt 6.12.4), soll das Tool auf Wunsch explizit erzeugen können. So hat der Benutzer die Möglichkeit, zu kontrollieren, ob diese Elementfunktionen korrekt arbeiten.

Der Benutzer kann Ausnahmespezifikationen für Elementfunktionen (siehe Abschnitt 6.11) angeben und „Member-Templates“ (siehe Abschnitt 6.14) definieren.

7 Vererbungsbeziehungen

In der Analyse wird lediglich erfaßt, daß eine Vererbungsbeziehung zwischen zwei Klassen existiert. In C++ können darüber hinaus unterschiedliche Zugriffsspezifizierer für die Basisklasse angegeben werden. Neben der typischen „is-a"-Beziehung sind so auch „is-implemented-in-terms-of"-Beziehungen realisierbar. Außerdem muß im Zusammenhang mit Mehrfachvererbung geklärt werden, ob die Ableitungen virtuell vorzunehmen sind. Ferner spielt die Deklaration von Elementfunktionen und Datenelementen als `protected` nur innerhalb von Vererbungsbeziehungen eine Rolle. Und es muß entschieden werden, welche Elementfunktionen virtuell sein sollen.

Da in C++ die genannten Entscheidungen (bis auf Zugriffsspezifizierer für Basisklassen) bereits bei der Definition der Basisklassen zu treffen sind, macht dies Voraussagen über die spätere Nutzung erforderlich (Coleman et al. 1994). Insbesondere die Entwicklung von Bibliotheksklassen, die ohne Programmcode ausgeliefert werden, erfordert dadurch entsprechenden Weitblick. Mit den Worten von Carroll und Ellis (1995) ausgedrückt:

> *„Predicting what derivations should be* `virtual` *can be tricky."* (Carroll und Ellis 1995)
>
> *„Predicting what functions derived classes will need to redefine can be tricky."* (Carroll und Ellis 1995)
>
> *„Predicting what members of a class should be* `protected` *can be tricky."* (Carroll und Ellis 1995)

Tritt als Basisklasse eine parametrisierte Klasse auf, müssen für deren Parameter geeignete Argumente übergeben werden. In diesem Fall ist es daher nicht ausreichend, lediglich den Namen der Basisklasse anzugeben.

7.1 Zugriffsspezifizierer für Basisklassen

In C++ gibt es für Vererbungsbeziehungen die Zugriffsspezifizierer `public`, `protected` und `private` (WP §11.2). Für die Umsetzung der Vererbungsbeziehungen aus der Analyse ist `public` die richtige Wahl, weil damit die sogenannten „is-a"-Beziehungen ausgedrückt werden (Schader und Kuhlins 1995).

```
class Wertpapier { /* ... */ };

class Aktie : public Wertpapier { /* ... */ };
```

In C++ ist es allerdings entscheidend, daß Objekte der abgeleiteten Klasse überall dort einsetztbar sind, wo Objekte der Basisklasse stehen können. Deshalb muß jede Elementfunktion der abgeleiteten Klasse die zugehörigen Spezifikationen der Basisklasse erfüllen (FAQ 116).

Zwar ist eine abgeleitete Klasse oft eine Spezialisierung der Basisklasse, aber dies ist nicht das wesentliche Kriterium für die Ableitung, weil aus dem Vorliegen einer Spezialisierung nicht folgt, daß die abgeleitete Klasse alle Funktionen der Basisklasse unterstützt (FAQ 123). Beispielsweise ist ein Quadrat ein spezielles Rechteck und dennoch führt eine entsprechende Ableitung zu Problemen, da mit den Elementfunktionen `setzeLaenge` und `setzeBreite` aus einem Quadrat ein Rechteck gemacht werden kann.

```
class Rechteck {
public:
  void setzeLaenge(int i) { laenge = i; }
  void setzeBreite(int i) { breite = i; }
  // ...
private:
  int laenge, breite;
};

class Quadrat : public Rechteck {
  // ...
};
```

Mittels `private` oder auch `protected` Vererbung werden „is-implemented-in-terms-of"-Beziehungen realisiert (Schader und Kuhlins 1995). Dabei wird die Implementation der Basisklasse von der abgeleiteten Klasse wiederverwendet. Dies ist meist günstiger durch „Layering" realisierbar, indem ein Objekt der wiederzuverwendenden Klasse als Datenelement in die neue Klasse aufgenommen wird. Wenn allerdings der Zugriff auf `protected` Elemente oder das Überschreiben virtueller Elementfunktionen der Basisklasse notwendig ist, kann Layering nicht eingesetzt werden (Meyers 1991).

Wenn kein Zugriffsspezifizierer angegeben wird, sind Basisklassen von mittels `class` deklarierten Klassen `private` und von mittels `struct` deklarierten `public`. Um Mißverständnissen vorzubeugen, sollten die Zugriffsspezifizierer aber immer explizit angegeben werden (ARM §11.2).

7.2 Virtuelle Basisklassen

Technisch sind virtuelle Basisklassen mit einem größeren Aufwand verbunden als nicht virtuelle. Deshalb sollten Basisklassen nicht ohne besonderen Grund virtuell deklariert werden (Coleman et al. 1994).

Semantisch spielen virtuelle Basisklassen solange keine Rolle, wie ausschließlich einfache Vererbungsbeziehungen auftreten. Erst wenn Mehrfachvererbung geplant ist, muß der Programmierer entscheiden, ob Basisklassen virtuell zu deklarieren sind.

```
class B { /* ... */ };
class B1 : virtual public B { /* ... */ };
class B2 : virtual public B { /* ... */ };
class A : public B1, public B2 { /* ... */ };
```

Ob `virtual public` oder `public virtual` geschrieben wird, ist Geschmackssache (Schader und Kuhlins 1995).

Die Klasse `A` erbt von den Klassen `B1` und `B2`, die beide von `B` abgeleitet sind. In Abbildung 7.1 ist links die Vererbungsstruktur dargestellt, in der `B1` und `B2` virtuell von `B` abgeleitet sind, und rechts, wenn sie nicht virtuell abgeleitet werden. Bei nicht virtueller Ableitung enthalten Objekte der Klasse `A` zwei Teilobjekte der Klasse `B` und im virtuellen Fall nur eines.

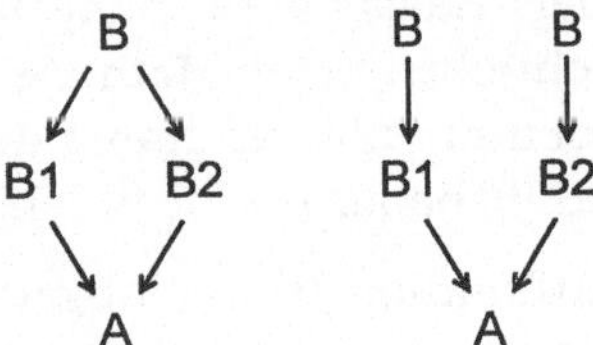

Abbildung 7.1: Virtuelle und nicht virtuelle Basisklasse

Obwohl erst die Klasse `A` „weiß“, ob sie ein oder zwei `B`-Teilobjekte benötigt, wird die Entscheidung darüber bereits bei der Definition der Basisklassen `B1` und `B2` getroffen.

In der Reihenfolge, in der die Basisklassen bei der Klassendefinition angegeben werden, erfolgt auch ihre Initialisierung in den Konstruktoren. Allerdings werden virtuelle Basisklassen vor nicht virtuellen initialisiert. Es wird sichergestellt, daß nur einmal ein Konstruktor der virtuellen Basisklasse `B` aufgerufen wird, nämlich von der am weitesten abgeleiteten Klasse `A` (ARM §12.6.2). Um dies zu verdeutlichen, kann `B` in die Liste der Basisklassen von `A` aufgenommen und die Konstruktorinitialisiererlisten um den Aufruf eines `B`-Konstruktors erweitert werden. (In C++ wird das Prinzip des „Information Hiding“ dabei insofern verletzt, als die Klasse `A` außer von ihren direkten Basisklassen `B1` und `B2` auch von der indirekten Basisklasse `B` wissen muß.)

```
class A : virtual public B, public B1, public B2 {
  // ...
  A() : B(), B1(), B2() { /* ... */ }
};
```

Am einfachsten ist die Initialisierung einer virtuellen Basisklasse nachzuvollziehen, wenn außer dem Standardkonstruktor keine weiteren Konstruktoren für sie definiert sind Werden dagegen andere Konstruktoren zur Initialisierung benötigt, sollte kein Standardkonstruktor bereitgestellt werden.

Dadurch sind abgeleitete Klassen gezwungen, einen geeigneten Konstruktor aufzurufen, weil der Standardkonstruktor nicht implizit aufrufbar ist (Boreham 1996).

7.3 Virtuelle Elementfunktionen

In Abschnitt 6.9 wurde bereits angesprochen, daß Elementfunktionen virtuell deklariert werden können. Virtuelle Elementfunktionen sind allerdings nur sinnvoll, wenn die zugehörige Klasse in Vererbungsbeziehungen eingebunden wird.

Virtuelle Elementfunktionen können in abgeleiteten Klassen überschrieben werden, so daß beim Aufruf für ein Objekt der abgeleiteten Klassen über einen Zeiger oder eine Referenz auf die Basisklasse die Elementfunktion der abgeleiteten und nicht der Basisklasse ausgeführt wird (Schader und Kuhlins 1995). Das Überschreiben einer Methode einer Basisklasse wird in der Analyse dadurch angedeutet, daß der Name der Methode in der abgeleiteten Klasse wiederholt wird (Schader und Rundshagen 1996).

Wird eine virtuelle Elementfunktion in der abgeleiteten Klasse überschrieben, so muß die Signatur mit der der Elementfunktion der Basisklasse übereinstimmen. Nur der Typ des Funktionswerts darf unter bestimmten Bedingungen abweichen (Schader und Kuhlins 1995, WP §10.3). Eine virtuelle Elementfunktion mit Funktionsrumpf legt die Schnittstelle fest und bietet abgeleiteten Klassen eine implizite Standardimplementation.

Gibt es für eine Elementfunktion in der Basisklasse keine sinnvolle Definition des Funktionsrumpfs, kann sie als rein virtuell deklariert werden. Dadurch wird lediglich die Schnittstelle der Funktion festgelegt. Dabei ist zu beachten, daß eine Klasse zu einer abstrakten Klasse wird, sobald sie mindestens eine rein virtuelle Elementfunktion besitzt (siehe Abschnitt 4.2).

Auch für eine rein virtuelle Elementfunktion ist ein Funktionsrumpf definierbar (ARM §10.3). Die Definition muß außerhalb der Klasse erfolgen, und die Funktion kann nur voll qualifiziert aufgerufen werden. Neben der Schnittstelle wird dann auch eine explizit nutzbare Implementation angeboten.

Eine nicht virtuelle Elementfunktion legt die Schnittstelle und die Implementation fest und sollte nicht „überschrieben" werden (Meyers 1991). Anderenfalls kann es bezüglich der Wirkung einen Unterschied zwischen dem Aufruf einer Elementfunktion über einen Zeiger auf die Basisklasse und dem direkten Aufruf für dasselbe Objekt geben.

```
struct B {
  void f();  // nicht virtuelle Elementfunktion
};
```

```
struct A : B {
  void f();
};

void test() {
  A a;
  B* b = &a;
  a.f();    // A::f
  b->f();   // B::f
}
```

Damit die beiden Funktionsaufrufe die gleiche Wirkung haben, dürfte `A::f` außer dem Aufruf der Funktion `B::f` keine weiteren Anweisungen ausführen, womit die Definition bestenfalls überflüssig ist.

Mit der Spezifikation einer Elementfunktion als rein virtuell ohne oder mit Funktionsrumpf, als virtuell oder als nicht virtuell wird die semantische Bedeutung fixiert. Bestehen trotzdem Zweifel darüber, ob eine Elementfunktion als virtuell oder nicht zu deklarieren ist, sollte die Elementfunktion virtuell deklariert werden (Carroll und Ellis 1995), um abgeleiteten Klassen die Möglichkeit des Überschreibens zu geben. Der Performancenachteil, der virtuellen Elementfunktionen gegenüber nicht virtuellen anhaftet, ist in der Regel vernachlässigbar.

Das Schlüsselwort `virtual` kann in abgeleiteten Klassen für überschriebene virtuelle Elementfunktionen wiederholt werden (Schader und Kuhlins 1995). Dies ist zwar redundant (ARM §10.2), erhöht aber u. U. die Lesbarkeit, weil nicht die Basisklasse gesucht werden muß, in der sich die erste Deklaration der fraglichen Funktion befindet (Keffer 1995 und Papurt 1995).

7.4 Überladen und verdecken

Der Versuch, in einer abgeleiteten Klasse Elementfunktionen der Basisklasse zu überladen, schlägt fehl. Statt dessen werden Elementfunktionen der Basisklasse verdeckt (vgl. ARM §13.1, Schader und Kuhlins 1995):

```
struct B { void f(int); };
struct A : B { void f(char*); };  // verdeckt B::f(int)
```

Wenn eine virtuelle Funktion, die in der Basisklasse überladen ist, in einer abgeleiteten Klasse überschrieben wird, so sollten alle Versionen dieser Funktion überschrieben (FAQ 142, Taligent 1994) bzw. mittels `using` zugreifbar gemacht werden (vgl. Stroustrup 1994a). Dies ist vom Tool beim Vorgeben von Methoden im Design zu berücksichtigen.

```
class B {
public:
  virtual void f(double);
  virtual void f(int);
  // ...
};
```

```
class A : public B {
public:
  using B::f;
  void f(int);
  // ...
};
```

Falls `using` noch nicht zur Verfügung steht, kann das Problem folgendermaßen gelöst werden (FAQ 141):

```
class A : public B {
public:
  void f(double x) { B::f(x); }
  void f(int);
  // ...
};
```

Allerdings ist bei Erweiterung der Klasse `B` um weitere überladene Funktionen namens `f` auch die Klasse `A` entsprechend zu ändern.

Die Probleme mit überladenen virtuellen Elementfunktionen können entschärft werden, indem nicht virtuelle Hilfsfunktionen benutzt werden, die virtuelle aufrufen (FAQ 143).

```
class B {
public:
  void f(double d) { f_d(d); }
  void f(int i) { f_i(i); }
protected:
  virtual void f_d(double);
  virtual void f_i(int);
  // ...
};

class A : public B {
protected:
  void f_i(int);
  // ...
};
```

Im Gegensatz zu den bisher vorgestellten Lösungen wird hier das Problem durch den Entwickler der Basisklasse gelöst, so daß Entwickler von abgeleiteten Klassen es leichter haben.

7.5 Standardargumente

Besitzt eine virtuelle Elementfunktion der Basisklasse ein Standardargument, sollte dasselbe Standardargument beim Überschreiben in abgeleiteten Klassen benutzt werden (FAQ 144, Meyers 1991).

```
class B {
public:
  virtual void f(int=10);
```

```
  // ...
};

class A : public B {
public:
  void f(int=5);  // schlecht: anderes Standardargument
  // ...
};

void test() {
  A a;
  B* b = &a;
  a.f();    // A::f(5);
  b->f();   // A::f(10);
}
```

Das Tool soll den Benutzer auf solche Unstimmigkeiten aufmerksam machen.

7.6 Vermeidung doppelter Funktionsaufrufe bei virtuellen Basisklassen

Um den mehrfachen Aufruf von (virtuellen) Elementfunktionen virtueller Basisklassen zu vermeiden, können Hilfsfunktionen (hier `_f()`) definiert werden (vgl. ARM §10.1, Coplien 1992 und Stroustrup 1994a).

```
class V {
public:
  virtual void f() { _f(); }
protected:
  void _f() { /* die Anweisungen fuer die Klasse V */ }
};

class V1 : virtual public V {
public:
  void f() { V::_f(); _f(); }
protected:
  void _f() { /* die Anweisungen fuer die Klasse V1 */ }
};

class V2 : virtual public V {
public:
  void f() { V::_f(); _f(); }
protected:
  void _f() { /* die Anweisungen fuer die Klasse V2 */ }
};

class A : virtual public V, public V1, public V2 {
public:
  void f() { V::_f(); V1::_f(); V2::_f(); _f(); }
protected:
  void _f() { /* die Anweisungen fuer die Klasse A */ }
};
```

7.7 Auflösung von Namenskonflikten bei Mehrfachvererbung

Wenn eine abgeleitete Klasse von zwei Basisklassen jeweils eine nicht virtuelle Elementfunktion desselben Namens und Typs erbt, kann der potentielle Namenskonflikt u. U. durch die Definition einer eigenen Elementfunktion dieses Namens gelöst werden, die die beiden geerbten Elementfunktionen aufruft (ARM §10.1.1).

```
struct A { void f(); };
struct B { void f(); };
struct C : A, B { void f() { A::f(); B::f(); } };

void test() {
  C c;
  A* ac = &c;
  ac->f();   // nur A::f
  c.f();     // A::f und B::f
}
```

Ein ähnliches Problem kann bei Mehrfachvererbung auftreten, wenn die abgeleitete Klasse `C` von ihren Basisklassen `A` und `B` jeweils eine virtuelle Elementfunktion `f` desselben Typs, aber unterschiedlicher Semantik erbt. Unter Verwendung von zwei Hilfsklassen `AA` und `BB` können solche Funktionen umbenannt werden in `AA_f` und `BB_f`, wobei der virtuelle Mechanismus erhalten bleibt (vgl. ARM §10.11c und Stroustrup 1994a).

```
struct A { virtual void f(); };
struct B { virtual void f(); };
struct AA : A {
  virtual void AA_f()=0;
  void f() { AA_f(); }
};
struct BB : B {
  virtual void BB_f()=0;
  void f() { BB_f(); }
};
struct C : AA, BB {
  void AA_f();
  void BB_f();
};
```

7.8 Zusammenfassung

Der Benutzer hat für Basisklassen gemäß Abschnitt 7.1 die Wahl zwischen den Zugriffsspezifizierern `public`, `protected` und `private`. Dabei ist `public` die Vorgabe. Im Zusammenhang mit Mehrfachvererbung kann der Benutzer Basisklassen als virtuell deklarieren (siehe Abschnitt 7.2). Die Vorgabe ist hier nicht virtuell. Das Tool soll eine komplette Basisklassen- und

Initialisiererliste erzeugen, die die Basisklassen bzw. Konstruktoren in der Reihenfolge anordnet, wie sie tatsächlich ausgeführt werden. Auf Wunsch des Benutzers ist das Schlüsselwort `virtual` für virtuelle Elementfunktionen, die in abgeleiteten Klassen überschrieben werden, bei der Codegenerierung zu wiederholen (siehe Abschnitt 7.3). Auf „verdeckte" Elementfunktionen soll hingewiesen werden. Auf Wunsch des Benutzers sind solche Funktionen, wie in Abschnitt 7.4 gezeigt, mittels `using` bzw. entsprechender Elementfunktionen zugreifbar zu machen. Für in abgeleiteten Klassen überschriebene virtuelle Elementfunktionen soll das Tool prüfen, ob die gleichen Standardargumente verwendet werden (siehe Abschnitt 7.5). Zur Vermeidung doppelter Funktionsaufrufe im Zusammenhang mit virtuellen Basisklassen (siehe Abschnitt 7.6) sollen auf Wunsch des Benutzers Hilfsfunktionen erzeugt werden. Das Tool soll auf Namenskonflikte bei Mehrfachvererbung aufmerksam machen und die vorgestellten Programmiertechniken bei der Codegenerierung einsetzen (siehe Abschnitt 7.7).

8 Aggregations-, Objekt- und Benutztbeziehungen

Es gibt zwei Sichten auf das Problem der Umsetzung von Beziehungen in C++: die Analysesicht mit den semantischen Informationen des Problembereichs und die C++-Sprachmittel, die zur Implementation von Beziehungen zur Verfügung stehen. Ideal wäre eine in beiden Richtungen eindeutige Abbildung zwischen Analyse- und Sprachkonstrukt (Stroustrup 1994a). Diese ist aber nicht gegeben, denn C++ ermöglicht zwar die Implementation von Beziehungen, unterstützt sie aber nicht (Papurt 1995), d. h. es ist Programmieraufwand erforderlich.

8.1 Individuelle versus standardisierte Programmierung von Beziehungen

Wenn Beziehungen individuell programmiert werden, kann das den Vorteil haben, daß eine höhere Abstraktionsebene benutzt wird. Dies äußert sich meist durch die Verwendung von aussagekräftigen Bezeichnern für Elementfunktionen, die Aktionen bei den in Beziehung stehenden Objekten auslösen. Oft wird auch ein Funktionsaufruf lediglich „durchgereicht", d. h. eine Elementfunktion (mit gleichem oder ähnlichem Namen) wird beim Partnerobjekt aufgerufen, gegebenenfalls ergänzt um zusätzliche Prüfungen. Ein Beispiel dafür ist die Elementfunktion `depotLeer()` der Klasse `Bankkunde`.

```
class Bankkunde;

class Depot {
public:
  bool istLeer() const;
  // ...
private:
  const Bankkunde& bk;
};

class Bankkunde {
public:
  bool depotLeer() const;
  bool hatDepot() const;
  // ...
private:
  Depot* depot;
};

bool Bankkunde::depotLeer() const {
  return hatDepot() ? depot->istLeer() : true;
}
```

```
void test(Bankkunde& bk) {
  if (!bk.depotLeer()) {
    // ...
  }
}
```

Ein Nachteil von individuell implementierten Beziehungen besteht darin, daß die bereitgestellte Funktionalität nicht standardisiert ist, wodurch die Benutzung solcher Klassen erschwert wird. Es ist daher generell erstrebenswert, die Implementation von Beziehungen zu standardisieren, indem „genormte" Funktionen zur Verfügung gestellt werden. Für die Klasse `Bankkunde` könnte beispielsweise eine Elementfunktion `gibDepot()` definiert werden, die einen Zeiger auf das zugehörige Depotobjekt bzw. `0` liefert. Alle weiteren Aktionen sind dann mit diesem Zeiger realisierbar.

```
class Bankkunde {
public:
  Depot* gibDepot() { return depot; }
  const Depot* gibDepot() const { return depot; }
  // ...
private:
  Depot* depot;
};

void test(Bankkunde& bk) {
  Depot* d = bk.gibDepot();
  if (d!=0 && !d->istLeer()) {
    // ...
  }
}
```

Ein Vorteil ist, daß die von der Klasse `Bankkunde` bereitzustellende Funktionalität abnimmt, da Aktionen, die das Depotobjekt betreffen, nun direkt ausführbar sind und nicht durchgereicht werden. Allerdings können Benutzer der Klasse `Bankkunde` das gelieferte Depotobjekt nach Belieben bearbeiten, ohne daß die Klasse `Bankkunde` eingreifen kann, z. B. könnten Wertpapiere aus dem Depot genommen werden. Selbst wenn ausschließlich die konstante Zugriffsfunktion, die keine Modifikationen zuläßt, zur Verfügung gestellt wird, ist ein lesender Zugriff auf das Depot eines Bankkunden möglich, womit das Bankgeheimnis verletzt wird.

Im dargestellten Fall ist die Kopplung zwischen Depot und Bankkunde sehr eng, weil ein Depot zu genau einem Bankkunden gehört und von diesem manipuliert wird. Deshalb sollten alle Aktionen, die das Depot eines Bankkunden betreffen, über die Schnittstelle des Bankkunden laufen.

Wenn dagegen eine losere Beziehung vorliegt, wie dies beispielsweise zwischen Depotposten und Wertpapieren, die mit beliebig vielen Posten verknüpft sind, der Fall ist, können Posten ohne Bedenken einen Zeiger auf das zugehörige Wertpapier liefern. Alle in der `public` Schnittstelle eines Wertpapiers angebotenen Operationen können ausgeführt werden, ohne die

Konsistenz irgendeines Postens zu verletzten. (Im speziellen Fall des Depotbeispiels besitzt die Klasse `Posten` eine Referenz auf ein `const` Wertpapier, so daß lediglich lesende Zugriffe gestattet sind.)

```
class Wertpapier;

class Posten {
public:
  const Wertpapier& gibWertpapier() const { return wp; }
  // ...
private:
  const Wertpapier& wp;
};
```

Zusammenfassend ist es somit nicht sinnvoll, grundsätzlich alle Beziehungen in der gleichen Art und Weise zu realisieren. Dennoch sollte versucht werden, möglichst viel zu standardisieren. In der Regel erleichtert es die Arbeit, wenn eine Standardschnittstelle vorgegeben wird, aus der gegebenenfalls nicht benötigte bzw. „gefährliche" Funktionen lediglich zu entfernen sind.

8.2 Beziehungen zu einem Objekt

Die Umsetzung von Objekt- und Aggregationsbeziehungen erfolgt durch Datenelemente, wobei deren Datentypen entscheidende Bedeutung zukommt. Für den Fall, daß eine Beziehung zu *einem* Objekt (mit den Kardinalitäten `1` oder `0,1`) realisiert werden soll, gibt es nach Papurt (1995) drei Kriterien, mit denen der geeignete Datentyp ausgewählt werden kann.

- Unabhängigkeit (*independence*)

  Die in Beziehung stehenden Objekte sind nicht Teil desselben Speicherbereichs.

- Wahlfreiheit (*optionality*)

  Ein Objekt kann – muß aber nicht – eine Beziehung zu einem anderen eingehen.

- Veränderlichkeit (*mutability*)

  Ein Objekt kann das mit ihm in Beziehung stehende Objekt wechseln.

Die vier von C++ zur Verfügung gestellten Datentypen im Zusammenhang mit der Umsetzung der hier untersuchten Beziehungen bilden die Zeilen der Tabelle 8.1. Dabei steht `X` für die Klasse des Objekts, zu dem eine Beziehung bestehen soll. Die drei Kriterien sind in den Spalten so angeordnet, daß sich beim Übergang von einer Zeile zur nächsten jeweils nur ein Kriterium ändert.

Im Zusammenhang mit Kardinalitäten wird statt „Wahlfreiheit" auch von *konditionalen* Beziehungen mit Kardinalität `0,1` gesprochen.

Datentyp		unabhängig	wahlfrei	veränderlich
klassenwertiges Attribut	`X`	nein	nein	nein
Referenz	`X&`	ja	nein	nein
konstanter Zeiger	`X*const`	ja	ja	nein
Zeiger	`X*`	ja	ja	ja

Tabelle 8.1: Beziehungseigenschaften in Abhängigkeit vom Datentyp
Quelle: vgl. Papurt (1995)

Außer den drei bisher genannten Kriterien gibt es noch weitere, die die Entscheidung für einen der vier Datentypen beeinflussen. So ist Polymorphismus in C++ nur mit Referenzen und Zeigern realisierbar (Gorlen et al. 1990). Die Lebenszeiten der Objekte stimmen bei klassenwertigen Attributen exakt überein (Fall a in Tabelle 8.2). Bei Referenzen und konstanten Zeigern muß das andere Objekt mindestens genauso lange leben (Fall b). Nur bei Zeigern sind die Lebenszeiten beliebig. Insbesondere ist es möglich, daß das Partnerobjekt später ins Leben gerufen und/oder früher gelöscht wird, weil der Zeiger auf `0` gesetzt werden kann, wenn kein Partnerobjekt existiert.

	a	b	c	d	e
Objekt	———	—	———	——	——
Partnerobjekt	———	———	—	——	——

Tabelle 8.2: Relative Lebenszeiten der in Beziehung stehenden Objekte

Bei Zeigern kann das Partnerobjekt separiert werden. Mit klassenwertigen Attributen ist die gleichzeitige Nutzung („Sharing") eines Partnerobjekts von mehreren Objekten nicht möglich. Ebenso können mit ihnen keine reflexiven Beziehungen realisiert werden, in denen Objekte einer Klasse mit Partnerobjekten derselben Klasse verbunden sind.

Die z. B. von Booch (1994) vorgenommene Unterscheidung von Beziehungen in *by value* und *by reference* legt zwar fest, daß *by value* mittels klassenwertigem Attribut umzusetzen ist, läßt aber in bezug auf *by reference* die Wahl zwischen Referenz, konstantem Zeiger und nicht konstantem Zeiger. Es müssen daher weitere Kriterien herangezogen werden. Umgekehrt ergibt sich aus den oben aufgeführten Kriterien, ob eine Beziehung *by value* umsetzbar ist oder nicht. Daher ist die Kennzeichnung einer Beziehung mit der Eigenschaft *by value* als Ergebnis der Auswertung der anderen Kriterien anzusehen. Sie kann nicht die Kardinalität `0,1` besitzen.

Ob das Partnerobjekt nur gelesen werden darf (`const`) oder ob die Beziehung für die Klasse statt für die Objekte gilt (`static`), spielt für die Wahl einer der vier Alternativen für den Datentyp keine Rolle, da alle vier mit der entsprechenden Eigenschaft versehen werden können. Beziehungen werden mittels Datenelementen realisiert und können daher auch deren Eigenschaften tragen. Neben `const` und `static` gehören somit auch `mutable`, `volatile` und die Zugriffsrechte dazu (vgl. Kapitel 5).

Neben den angesprochenen vier Alternativen zur Implementation kann eine *by value* Aggregationsbeziehung mit Kardinalität `1` bei Vorliegen besonderer Umstände auch mittels `private` Vererbung realisiert werden (vgl. FAQ 450). Allerdings sollte diese Möglichkeit nur gewählt werden, wenn der Zugriff auf `protected` Elementfunktionen und/oder das Überschreiben virtueller Elementfunktionen der Basisklasse erforderlich ist; anderenfalls sollte ein Datenelement verwendet werden (Meyers 1991).

Zusätzlich zu den hier betrachteten Beziehungen zu einem Objekt gibt es auch Beziehungen zu mehreren Objekten einer Klasse. Diese werden im nächsten Abschnitt besprochen.

8.3 Beziehungen zu mehreren Objekten

In diesem Abschnitt werden Beziehungen mit den Kardinalitäten genau `k` (`k>1`), mindestens `a` und höchstens `b` (`0<a<b`), mindestens eins (`1,n`) und beliebig viele (`0,n`) mit $n \in \mathbb{N}$ behandelt. Generell verhalten sich Beziehungen zu mehreren Objekten wie entsprechend viele Beziehungen zu einzelnen Objekten. Als Datentyp für die einzelnen Objekte kommen allerdings in der Regel nur `X` und `X*` in Frage. (Für `k` Datenelemente – siehe unten – sind prinzipiell auch `X&` und `X*const` möglich.)

Wenn eine Beziehung zu mehreren gleichartigen Objekten besteht, können diese geordnet oder ungeordnet sein (siehe Abschnitte 2.1.5 und 2.1.6). Eine Ordnung ist mit zusätzlichem Aufwand verbunden, weil entweder von Zeit zu Zeit eine Sortierung durchgeführt werden muß oder neue Elemente gemäß der Ordnung und nicht beliebig einzufügen sind. Der Standardfall ist deshalb ungeordnet.

Es ist festzulegen, ob nur genau eine oder mehrere Beziehungen zu einem Objekt erlaubt sind. Beispielsweise kann ein Mitarbeiter nur einmal in einer Firma angestellt sein, weil er sonst doppeltes Gehalt für seine Arbeit erhalten würde. Ein Absatz kann dagegen mehrfach in einem Textdokument vorkommen (vgl. Papurt 1995).

Eine Beziehung zu genau `k` Objekten einer Klasse `X` kann für kleine Werte durch entsprechend viele Datenelemente realisiert werden. Da dabei jedes Datenelement einen eindeutigen Namen besitzen muß, ist dies angebracht, wenn jedes der Objekte eine eigenständige Aufgabe erfüllt. Dies ist z. B. bei einem Dialogfenster der Fall, das die drei Buttons OK, Abbrechen und Hilfe enthält.

Wenn die Voraussetzungen für `k` Datenelemente nicht gegeben sind, kommt als nächstes ein Feld mit `k` Komponenten in Frage, beispielsweise in der Form `X x[k];` oder `X* x[k];`. (Referenzen sind nicht erlaubt, und konstante Zeiger können nicht initialisiert werden.) Diese Lösung ist aber nur zweckmäßig, wenn die Komponenten einmalig mit Werten versehen werden und später lediglich Zugriffe erfolgen. Sobald darüber hinausgehende Funktionalität benötigt wird, sollte einer Feldklasse aus einer Klassenbibliothek der Vorzug gegeben werden. Dann sind die Funktionen zur Verwaltung des Feldes, wie z. B. einfügen, entfernen und sortieren, wiederverwendbar und müssen nicht von Problembereichsklassen wiederholt implementiert werden. Außerdem kommen je nach geplantem Einsatz auch andere Containerklassen in Frage (siehe unten).

Eine Beziehung zu mindestens `a` und höchstens `b` Objekten wird für relativ kleine Werte bzw. wenn `b` nur wenig größer als `a` ist, am einfachsten mit einer Feldklasse realisiert, die für `b` Komponenten Speicher reserviert. Wenn die maximale Anzahl von Komponenten stark von der durchschnittlichen abweicht bzw. nur sehr selten benötigt wird, kommt auch die Implementation mit einer Containerklasse in Frage, die beliebig viele Objekte aufnehmen kann. Die untere Grenze von `a` Objekten mit dem Spezialfall `a=1` spielt in der Regel nur für die Initialisierung und Konsistenzsicherung eine Rolle.

Beliebig viele Objekte sollten mit geeigneten Containerklassen verwaltet werden. Denn typischerweise werden hier zur Laufzeit viele Verbindungen auf- und abgebaut, bestimmte Objekte gesucht usw., so daß eine umfangreiche Funktionalität benötigt wird.

Klassenbibliotheken stellen meist eine Fülle von Containerklassen zur Verfügung. Die STL bietet beispielsweise die Klassen `vector`, `list`, `deque`, `set`, `multiset`, `map`, `multimap`, `stack`, `queue` und `priority_queue` (Glass und Schuchert 1996). Welche dieser Klassen für eine bestimmte Beziehung am geeignetsten bzw. effizientesten ist, hängt vom geplanten Einsatz und der vorliegenden Implementation ab. Wird die Implementation der STL zugrunde gelegt, bietet z. B. ein `vector` wahlfreien Zugriff auf seine Komponenten, während auf die Elemente einer `list` nur sequentiell zugegriffen werden kann. Jedoch können neue Elemente wesentlich effizienter in eine `list` als in einen `vector` eingefügt werden. Es ist daher nicht sinnvoll, eine einzige Containerklasse zur Umsetzung aller Beziehungen zu benutzen, weil die teilweise konträren Anforderungen nur durch mehrere unterschiedlich implementierte Klassen erfüllt werden können.

Anhand der für Beziehungen festgelegten Kriterien sollte der Codegenerator für eine geeignete Containerklasse Programmcode erzeugen, beispielsweise könnte festgelegt werden, daß ungeordnete Beziehungen mit der Klasse `vector` und geordnete mit der Klasse `set` realisiert werden. Wenn die Einstellung im Codegenerator geändert wird, z. B. auf `list` und `map`, wird für alle davon betroffenen Beziehungen neuer Programmcode erzeugt. Es sollte möglich sein, für spezielle Beziehungen andere Klassen als die global vorgegebenen zu verwenden (vgl. Rumbaugh 1996).

8.4 Bidirektionale Beziehungen und referentielle Integrität

Bei einer unidirektionalen Beziehung baut ein Objekt eine Beziehung zu einem Partnerobjekt auf, ohne daß das Partnerobjekt direkten Zugriff auf das Objekt hat. In einer bidirektionalen Beziehung haben die beteiligten Objekte dagegen direkten Zugriff aufeinander. Dadurch wird eine Interaktion, d. h. das gegenseitige Aufrufen von Elementfunktionen, zwischen den Objekten möglich. Dies ermöglicht wiederum die Einhaltung der referentiellen Integrität der Beziehung, indem Funktionen zum korrekten Auf- und Abbau der Beziehung implementiert werden.

Mindestens eine von beiden Richtungen ist *by reference* zu realisieren. Die typische Umsetzung einer bidirektionalen Beziehung geschieht mittels jeweils einem Zeiger in den beteiligten Klassen. Die Zugriffsfunktionen zu einer Beziehung sind verantwortlich für die Synchronisation und die Konsistenz beider Zeiger (Yourdon et al. 1995).

Es kann aber auch eine Beziehungsklasse eingeführt werden, die zwei Zeiger verwaltet (Yourdon et al. 1995). Eine solche Beziehungsklasse kann Attribute aufnehmen, die die Beziehung betreffen, wie z. B. das Datum, an dem ein Artikel von einem Lieferanten geliefert wurde. In MAOOAM werden Beziehungsklassen wie „normale“ Klassen modelliert.

8.5 Abgrenzung von Aggregations-, Objekt- und Benutztbeziehungen

Eine Aggregationsbeziehung ist mit einer Richtung verbunden (vgl. Booch 1994), denn ein Objekt stellt die Gesamtheit und das andere ein Teil dar. Am deutlichsten kommt eine Aggregation zum Ausdruck, wenn sie *by value* umgesetzt wird. Wird sie *by reference* realisiert, ist sie allein anhand des Programmcodes nicht von einer Objektbeziehung zu unterscheiden, da Objektbeziehungen immer *by reference* verwirklicht werden.

Benutztbeziehungen (*uses-a*) werden weder durch *by value* noch durch *by reference* charakterisiert, weil kein Datenelement dazugehört. Statt dessen *benutzt* eine Klasse A eine Klasse B, wenn A-Objekte zur Erledigung ihrer Aufgaben auf B-Objekte zugreifen (vgl. z. B. Booch 1994). Dazu muß B für A sichtbar sein, was der Fall ist, wenn

- B global ist,
- B Parameter oder Rückgabewert einer Elementfunktion von A ist oder
- B lokal in einer Elementfunktion von A definiert ist.

Es ist einfacher, zu entscheiden, wann eine Klasse `A` eine Klasse `B` *nicht* benutzt. Dies ist der Fall, wenn `A` alle Tätigkeiten ausführen kann gleichgültig, ob `B` existiert oder nicht. Wenn `A` dagegen `B` benutzt, hat jede Änderung der `public` Schnittstelle der Klasse `B` potentiell einen Einfluß auf die Klasse `A` (Horstmann 1995a). Dies ist der Hauptgrund für das Dokumentieren solcher Beziehungen. Der Programmcode für Benutztbeziehungen kann i. a. nicht automatisch generiert werden.

8.6 Praktische Schwierigkeiten

Bereits bei der Umsetzung der Beziehungen eines kleinen Beispiels wie dem Depotbeispiel (siehe Abbildung 2.1 auf Seite 12) ergeben sich einige praktische Schwierigkeiten. Die Klasse `Posten` steht in einer Aggregationsbeziehung zu `Depot` und einer Objektbeziehung zu `Wertpapier`. Bei einer möglichst exakten Umsetzung würde in die Klasse `Depot` ein Objekt einer Containerklasse aufgenommen werden, das beliebig viele Postenobjekte *by value* verwaltet. Unter Benutzung der STL-Klasse `list` würde die Klasse `Depot` ein Datenelement `posten` des Typs `list<posten>` erhalten. Die nicht wandelbare Objektbeziehung der Klasse `Posten` zu genau einem polymorphen Wertpapier würde mittels einer Referenz (`Wertpapier&`) realisiert. Ein Problem dieser Konstruktion ist, daß die Klasse `list` verlangt, daß für die Klasse `Posten` u. a. der Zuweisungsoperator definiert ist. Solange die Klasse `Posten` jedoch eine Referenz auf ein Wertpapier verwendet, die bei einer Zuweisung nicht geändert werden kann, ist zwangsläufig mit Inkonsistenzen zu rechnen. Eine exakte Umsetzung beider Beziehungen ist somit nicht möglich. (Zumindest nicht, solange die Klasse `list` wiederverwendet wird. Mit einer eigens für diese Aggregationsstruktur entworfenen Listenklasse wäre ein „Work-around“ denkbar. Allerdings kann eine derart spezielle Klasse nicht wiederverwendet werden, weshalb der hohe Aufwand in keinem Verhältnis zum geringen Nutzen steht.)

Es gibt zwei Lösungen des Problems. Entweder wird statt der Referenz ein (nicht konstanter) Zeiger in der Postenklasse eingesetzt, damit Zuweisungen möglich sind. Allerdings wäre dann nicht mehr automatisch gewährleistet, daß der Zeiger jederzeit einen sinnvollen Wert hat. Oder die Aggregationsbeziehung zwischen `Depot` und `Posten` wird *by reference* realisiert, d. h. mit einem Datenelement des Typs `list<Posten*>`. Dabei ist darauf zu achten, daß keine hängenden Zeiger oder verlorenen Objekte entstehen (siehe Abschnitt 13.3).

8.7 Ansätze zur Wiederverwendung von Beziehungsfunktionalität

Gleichartige Beziehungen besitzen ähnliche Implementationen, die sich in der Regel lediglich aufgrund der beteiligten Problembereichsklassen unterscheiden. Es liegt daher nahe, über die Bereitstellung der Beziehungsfunktionalität in allgemein verwendbarer Form nachzudenken. Das Ziel ist dabei die Trennung der Beziehungsfunktionalität von den Problembereichsklassen, wodurch eine möglichst einfache Wiederverwendung erreicht werden soll.

Ein entsprechender Ansatz wurde von Papurt (1995) vorgeschlagen. Dort werden parametrisierte Klassen für Beziehungen (z. B. `L1to1` und `R1to1` für bidirektionale `1:1` Beziehungen) bereitgestellt, mit deren Hilfe Problembereichsklassen (z. B. `Inventor` und `Contraption`) Beziehungen untereinander eingehen können, indem lediglich entsprechende `typedef`-Deklarationen eingeführt werden.

```
template<class LB, class RB> class L1to1 : public LB {
  // ...
};
template<class LB, class RB> class R1to1 : public RB {
  // ...
};

class IOther {
public:
  void name(char*);
  // ...
};

class COther { /*...*/ };

typedef L1to1<IOther, COther> Inventor;
typedef R1to1<IOther, COther> Contraption;
```

Die zugrundeliegende Idee dabei ist, daß die Beziehungs- von den Problembereichsklassen `public` abgeleitet werden. Die resultierenden Klassen werden mittels `typedef` benannt und verfügen über die `public` Schnittstellen beider Klassen.

Der Ansatz ist jedoch mit gravierenden Problemen verbunden (Papurt 1995):

- Konstruktorargumente können nicht durchgereicht werden. Deshalb wird für die Objekte zunächst lediglich der Standardkonstruktor aufgerufen und später die Initialisierung mit einer expliziten aufzurufenden Initialisierungsfunktion durchgeführt.

```
int main() {
  // Inventor i("Dave"); geht nicht. Statt dessen:
  Inventor i;
  i.name("Dave");
}
```

- Wenn eine Klasse in mehreren Beziehungen involviert ist, treten massive Probleme auf, weil nicht virtuelle Elementfunktionen überschrieben werden. Die Probleme äußern sich durch voll qualifizierten Aufruf von Elementfunktionen und explizite Typkonvertierungen.

  Das folgende Listing enthält nur den Programmcode, der notwendig ist, um die Probleme aufzuzeigen, die bei einer Klasse mit mehreren Beziehungen – `Inventor` steht mit `Contraption` und `Workshop` in Beziehung – auftreten. Das vollständige Programm findet sich bei Papurt (1995).

```
template<class LB, class RB>
class L1to1 : public LB {
public:
  R1to1<LB,RB>* follow() { return r; }
  // ...
private:
  R1to1<LB,RB>* r;
};

template<class LB, class RB>
class R1to1 : public RB {
public:
  L1to1<LB,RB>* follow() { return l; }
  // ...
private:
  L1to1<LB,RB>* l;
};

template<class LB, class RB>
void link(L1to1<LB,RB>&, R1to1<LB,RB>&);
// zum Aufbauen einer Beziehung

class IOther { /*...*/ };
class COther { /*...*/ };
class WOther { /*...*/ };

typedef L1to1<IOther, COther> InvToCon;
typedef R1to1<IOther, COther> Contraption;

typedef L1to1<WOther, InvToCon> Workshop;
typedef R1to1<WOther, InvToCon> Inventor;

int main() {
  Inventor i;
  Contraption c;
  Workshop w;
  // ...
  link(static_cast<InvToCon&>(i), c);
  link(w, i);
  if (i.InvToCon::follow()) { /* ... */ }
  if (i.follow()) { /* ... */ }
  // ...
}
```

Insgesamt hat dieser Ansatz daher das gesteckte Ziel verfehlt.

Ein weiterer Ansatz sind Makros, die vom Präprozessor expandiert werden. So kann zwar der Programmcode für Beziehungen wiederverwendet werden, und auch die Nachteile des Ansatzes mit parametrisierten Klassen lassen sich umgehen, aber das Debugging wird erheblich erschwert, weil der gesamte Code eines Makros innerhalb einer Programmtextzeile steht. Außerdem ist nicht offensichtlich, welche Funktionalität bereitgestellt wird. Beispiele für diesen Ansatz sind die Makros, die die objektorientierte Datenbank *ObjectStore* einsetzt, z. B. `os_relationship_1_1` (Object Design 1995).

Die ODMG, die sich als Ziel gesetzt hat, einen Standard für objektorientierte Datenbanken bzw. persistente Objekte zu formulieren, bietet ebenfalls einen Ansatz zur Umsetzung von Beziehungen an. Dazu wurde ein Objektmodell entwickelt, das u. a. zur Darstellung von Beziehungen zwischen Objekten dient. Das *C++ Binding* der ODMG (Cattell 1996) setzt Beziehungen mit Hilfe von parametrisierten Klassen um, die durch die Schemainformationen einer objektorientierten Datenbank unterstützt werden. Klassendefinitionen, die in der C++ ODL (*Object Definition Language*) formuliert sind, lassen sich mit einem C++-Compiler übersetzen.

Das Objektmodell der ODMG (Cattell 1996) unterstützt ebenso wie MAOOAM ausschließlich zweistellige Beziehungen. Es sind bidirektionale `1:1`, `1:n` und `m:n` Beziehungen vorgesehen, d. h. die Kardinalitäten beschränken sich auf `0,1` und `0,n`. Beziehungen zu mehreren Objekten können geordnet oder ungeordnet sein; dementsprechend werden die Collection-Klassen `Set` oder `List` der ODMG benutzt. Die referentielle Integrität bidirektionaler Beziehungen wird durch das *Object Database Management System* (ODBMS) sichergestellt, indem beim Löschen eines Objekts sämtliche Verweise auf dieses Objekt ebenfalls gelöscht werden. Neben bidirektionalen Beziehungen können auch unidirektionale angelegt werden, für die die referentielle Integrität allerdings nicht automatisch gewährleistet wird (Cattell 1996).

Auch die OMG formuliert im Rahmen der *CORBAservices* mit der *Common Object Services Specification* (COSS) einen Vorschlag zur Realisierung von Beziehungen (OMG 1996, *Relationship Service Specification*). Dieser Ansatz ist auf Beziehungen zwischen verteilten Objekten zugeschnitten. Es werden Klassen für Beziehungen und Rollen eingeführt, die um beziehungsspezifische Attribute und Methoden erweiterbar sind. Im Gegensatz zu den bisher vorgestellten Ansätzen sind Beziehungen eigenständige Objekte. Sie können nicht nur zwei Klassen, sondern beliebig viele verbinden. Die in Beziehung stehenden Klassen müssen aufgrund von Beziehungen nicht angepaßt werden. Die referentielle Integrität wird mit Hilfe von Transaktionen gewährleistet.

In C++ könnte daraus für eine bidirektionale Objektbeziehung zwischen zwei Klassen `X` und `Y` eine Implementation resultieren, die zusätzlich zu `X` und `Y`

Klassen für die Beziehung und die beiden Rollen benötigt. In den Klassen müssen geeignete Zeiger oder Referenzen enthalten sein, mit denen zu einem X-Objekt das zugehörige Y-Objekt lokalisiert werden kann.

Abbildung 8.1: Objektbeziehung nach COSS

Im Vergleich zu einer Implementation, bei der die Klassen X und Y jeweils eine Referenz oder einen Zeiger auf die andere Klasse definieren, ist der Ansatz der OMG zu aufwendig und daher nur in Sonderfällen zweckmäßig.

In den weiteren Ausführungen wird ein Ansatz verfolgt, der analog zum Ansatz der ODMG darauf verzichtet, alle denkbaren Beziehungen exakt abzubilden. Statt dessen wird ein minimaler Satz an Beziehungen zur Verfügung gestellt, mit dem auch die spezielleren Formen realisierbar sind. Dadurch wird die Komplexität der Umsetzung von Beziehungen auf ein praktikables Maß reduziert.

Zu den parametrisierten Klassen der ODMG ähnliche Klassen können von einem CASE-Tool bei der Codegenerierung eingesetzt werden. Dazu übernimmt das CASE-Tool die Aufgabe der C++ ODL, indem es die Spezifikation von Beziehungen verwaltet. Operationen zur Sicherung der referentiellen Integrität, zum Aufbauen, Löschen und Verfolgen von Verbindungen werden so wiederverwendet.

8.8 Implementation

Gemäß den vorangegangenen Ausführungen wird an dieser Stelle nicht versucht, für alle denkbaren Beziehungsformen eine Implementation anzugeben. Statt dessen werden Implementationen für vier der wichtigsten Objektbeziehungen vorgestellt:

- unidirektional mit Kardinalität `0,1`
- unidirektional mit Kardinalität `0,n`
- bidirektional mit Kardinalität `0,1`
- bidirektional mit Kardinalität `0,n`

8.8.1 Unidirektionale Objektbeziehungen mit Kardinalität 0,1

Eine unidirektionale Objektbeziehung mit Kardinalität 0,1 von einer Klasse Y zu einer Klasse X kann mit einem Zeiger umgesetzt werden (vgl. z. B.

Rumbaugh 1996). Eine minimale Schnittstelle umfaßt die Verbindungsfunktionen verbinde zum Aufbauen und gibX zum Abfragen der Verbindung.

```
class X;

class Y {
public:
  explicit Y(X* xx = 0) : x(xx) {}
  X* gibX() const { return x; }
  void verbinde(X* xx) { x = xx; }
private:
  X* x;
};
```

Das Lösen der Verbindung ist für ein Objekt y der Klasse Y mittels y.verbinde(0); möglich. Ob eine Verbindung besteht, läßt sich mit y.gibX()!=0 ermitteln. Wird ein Objekt der Klasse Y kopiert, so geht die Kopie zum gleichen Objekt der Klasse X eine Beziehung ein. Wenn eine Klasse mehrere Beziehungen dieser Art zu einer anderen Klasse unterhält, muß der Name des jeweiligen Datenelements in die Namen der Verbindungsfunktionen eingehen. Da das mit einem Y-Objekt in Beziehung stehende X-Objekt eigenständig ist, wird es von der Klasse Y nicht gekapselt, d. h. die Elementfunktion gibX liefert einen Zeiger auf das X-Objekt, mit dem es modifiziert werden kann. Für konstante Y-Objekte können keine Verbindungen auf- oder abgebaut werden.

8.8.2 Unidirektionale Objektbeziehungen mit Kardinalität 0,n

Eine unidirektionale Objektbeziehung mit Kardinalität 0,n von einer Klasse Y zu einer Klasse X kann mit Hilfe einer Containerklasse (wie z. B. vector) umgesetzt werden, die Zeiger auf X verwaltet. Die Schnittstelle umfaßt die folgenden Verbindungsfunktionen (vgl. Rumbaugh 1996):

void verbindeMit(X& xx)	Verbindung zu xx herstellen
void trenneVon(const X& xx)	Verbindung zu xx abbauen
void trenneVonAllenX()	alle Verbindungen zu X-Objekten abbauen
bool istVerbundenMit (const X& xx)	feststellen, ob eine Verbindung zu xx besteht
X& gibX(int i)	das i-te X-Objekt liefern
const Container& gibAlleX()	alle X-Objekte liefern

Die Verbindungsfunktionen arbeiten mit Referenzen statt Zeigern, um Nullzeiger auszuschließen. Die Implementation dazu sieht wie folgt aus:

```
class X;
```

```
class Y {
public:
  typedef vector<X*> Container;
  void verbindeMit(X& xx) { x.push_back(&xx); }
  void trenneVon(const X& xx) {
    const Container::iterator i
      = find(x.begin(), x.end(), &xx);
    if (i != x.end())
      x.erase(i);
  }
  void trenneVonAllenX() { x.erase(x.begin(), x.end()); }
  bool istVerbundenMit(const X& xx) const {
    return find(x.begin(), x.end(), &xx) != x.end();
  }
  X& gibX(int i) const { return *x[i]; }  // 0<=i<x.size()
  const Container& gibAlleX() const { return x; }
private:
  Container x;
};
```

Wird ein Objekt der Klasse `Y` kopiert, so geht die Kopie zu den gleichen Objekten der Klasse `X` Beziehungen ein. Da die mit einem `Y`-Objekt in Beziehung stehenden `X`-Objekte eigenständig sind, liefern die Funktionen `gibX` und `gibAlleX` ein bzw. alle `X`-Objekte so, daß sie modifizierbar sind. (Im Fall von `gibAlleX` ist zwar der Container `const` und die gespeicherten Adressen können nicht geändert werden, aber die `X`-Objekte sind nicht `const`.)

8.8.3 Bidirektionale Objektbeziehungen mit Kardinalität `0,1`

Bei einer bidirektionalen Objektbeziehung mit Kardinalität `0,1` ist die referentielle Integrität zu sichern. Es dürfen daher keine Beziehungen einseitig auf- bzw. abgebaut werden. Der Symmetrie der Beziehung wird am besten eine globale Verbindungsfunktion gerecht, die `friend` beider Klassen ist und jeweils die `private` Hilfsfunktion `_verbinde` aufruft.

```
class X;

class Y {
public:
  friend void verbinde(X*, Y*);
  Y() : x(0) {}
  ~Y() { verbinde(x, 0); }
  X* gibX() const { return x; }
private:
  Y(const Y&);  // keine Kopien
  Y& operator=(const Y&);
  void _verbinde(X* xx) { x = xx; }
  X* x;
};

class X { /* beziehungstechnisch symmetrisch zu Y */ };
```

```
void verbinde(X* xx, Y* yy) {
  // vorher xx <-> yy' und yy <-> xx'
  if (xx != 0) {
    if (xx->gibY() != 0)
      xx->gibY()->_verbinde(0);    // yy' -> xx loeschen
    xx->_verbinde(yy);             // xx -> yy aufbauen
  }
  if (yy != 0) {
    if (yy->gibX() != 0)
      yy->gibX()->_verbinde(0);    // xx' -> yy loeschen
    yy->_verbinde(xx);             // yy -> xx aufbauen
  }
  // jetzt xx <-> yy, xx' -> 0 und yy' -> 0
}

inline void verbinde(Y* yy, X* xx) { verbinde(xx, yy); }
```

Durch die Definition der zweiten Verbindungsfunktion mit vertauschten Parametern ist ein sinnloser Aufruf `verbinde(0, 0);` mehrdeutig und somit fehlerhaft.

Beim Kopieren eines Objekts, das mit einem anderen Objekt in Beziehung steht, dürfen weder die Kardinalitäten noch die referentielle Integrität der Beziehung verletzt werden. Dies wird am einfachsten dadurch gewährleistet, daß keine Kopien zulässig sind. Andere Möglichkeiten wären:

- Die bestehenden Beziehungen bleiben erhalten, und die Kopie geht keine Beziehung ein.
- Die Kopie übernimmt die Beziehung des Originals.
- Auch das Partnerobjekt wird kopiert („tiefe“ Kopie). Die beiden kopierten Objekte bauen eine Beziehung zueinander auf. Dabei muß jedoch sichergestellt werden, daß der Speicher der Kopien wieder freigegeben wird.

Das Auf- und Abbauen von Beziehungen ist für `const` Objekte nicht möglich. Im Konstruktor darf keine Verbindung aufgebaut werden, weil sonst u. U. ein `const` Objekt modifiziert wird, z. B.:

```
class Y {
public:
  explicit Y(X* xx) : x(0) { verbinde(xx, this); }
  // ...
private:
  X* x;
};

void test() {
  X xx;
  const Y yy(    );   // mit Y(X*)
  verbinde(&xx, 0);  // xx und yy trennen
}
```

Beim Lösen der Verbindung zwischen `xx` und `yy` wird das Datenelement `x` des `const` Objekts `yy` auf `0` gesetzt. Dies wird vom Compiler nicht moniert, da `xx` einen Zeiger auf `Y` und nicht auf `const Y` besitzt.

Bei dem gerade gezeigten Ansatz kann die referentielle Integrität der Beziehung über die `public` Schnittstelle der Klassen nicht gestört werden. Allerdings sind Programmierfehler bei der Implementation der Elementfunktionen nicht ausgeschlossen. Mit Hilfe einer parametrisierten Beziehungsklasse kann auch diese Fehlerquelle beseitigt werden. Beziehungsklassen dieser Art werden auch von objektorientierten Datenbanken eingesetzt (vgl. Schader 1996).

```
template<class Links, class Rechts> class B1zu1;

template<class Links, class Rechts>
class B1zu1 {
  friend class B1zu1<Rechts, Links>;
  typedef B1zu1<Rechts, Links> Rechts::*tr;
public:
  B1zu1(Links& li, tr zre) : l(li), r(0), zr(zre) {}
  ~B1zu1() { if (r != 0) (r->*zr).r = 0, r = 0; }
  B1zu1& operator=(Rechts*);
  Rechts* operator->() { return r; }
  const Rechts* operator->() const { return r; }
  Rechts& operator*() { return *r; }
  const Rechts& operator*() const { return *r; }
  operator bool() const { return r != 0; }
  operator Rechts*() { return r; }
  operator const Rechts*() const { return r; }
private:
  B1zu1(const B1zu1&);  // keine Kopien
  B1zu1& operator=(const B1zu1&);
  Links& l;  // Objekt, in dem das Beziehungsobjekt steckt.
  Rechts* r;    // Partnerobjekt
  const tr zr;  // Position des Bez.-Objekts im Partnerobj.
};

template<class Links, class Rechts>
B1zu1<Links, Rechts>&
B1zu1<Links, Rechts>::operator=(Rechts* re) {
  if (r != 0)
    (r->*zr).r = 0;
  r = re;
  if (re != 0) {
    Links*const li = (re->*zr).r;
    if (li != 0)
      (li->*((re->*zr).zr)).r = 0;
    (re->*zr).r = &l;
  }
  return *this;
}
```

Die Operatoren sind für die Beziehungsklasse `B1zu1` so überladen, daß sich ihre Objekte wie Zeiger verhalten. Im Gegensatz zu „gewöhnlichen" Zeigern können sie aber nicht kopiert werden. Außerdem zeichnen sie sich dadurch aus, daß sie die referentielle Integrität einer bidirektionalen `1:1` Beziehung sichern. Dazu wird eine ggf. bestehende Beziehung im Destruktor abgebaut. Bei Zuweisungen wird die alte Beziehung ab- und die neue aufgebaut.

Die gezeigte Implementation benutzt ein Datenelement `l` zum Speichern der Adresse des Objekts, in dem das Beziehungsobjekt, für das der Zuweisungsoperator aufgerufen wird, enthalten ist. Das Datenelement `l` wird nur im Zuweisungsoperator benötigt, um die Adresse des Objekts zu ermitteln. Diese Adresse ist prinzipiell auch berechenbar, so daß das Datenelement eingespart werden kann.

```
Links*const l = reinterpret_cast<Links*>(
  reinterpret_cast<unsigned long int>(this)
  -reinterpret_cast<unsigned long int>(
    &(static_cast<Links*>(0)->*((re->*zr).zr))
  )
);
```

Obwohl auf den meisten Systemen die Adresse korrekt berechnet wird, ist die Lösung i. a. nicht portabel. Denn es ist einerseits nicht gewährleistet, daß der größte ganzzahlige Datentyp (`unsigned long int`) groß genug ist, um die Adresse eines Zeigers zu speichern. Andererseits ist nur die Konvertierungen eines Zeigers in einen ganzzahligen Wert, der groß genug ist, um den Wert des Zeigers zu speichern, und zurück in denselben Zeiger definiert (WP §5.2.9). In der fraglichen Anweisung ist dies aber nicht gegeben, so daß das Ergebnis implementationsabhängig ist. Die Dereferenzierung des Nullzeigers ist dagegen unbedenklich, da er lediglich in die Adreßberechnung eingeht, aber kein Speicherzugriff erfolgt.

Der bei der Implementation der Beziehungsklasse getriebene Aufwand zahlt sich bei der Benutzung der Klasse voll aus. Eine bidirektionale Objektbeziehung mit Kardinalität `0,1` zwischen den Klassen `X` und `Y` wird realisiert, indem jede der Klassen ein Objekt der Beziehungsklasse `B1zu1` definiert. Das erste Template-Argument ist dabei die eigene Klasse und das zweite die andere Klasse. Im Konstruktor ist das Beziehungsobjekt korrekt zu initialisieren (siehe Listing).

```
class X;

class Y {
public:
  Y();
  B1zu1<Y, X> x;
  // ...
};
```

```
class X {
public:
  X();
  B1zu1<X, Y> y;
  // ...
  void bsp();
};

Y::Y() : x(*this, &X::y) {}

X::X() : y(*this, &Y::x) {}
```

Das Beziehungsobjekt ist jeweils `public` deklariert, damit Verbindungen einfach per Zuweisung etabliert werden können. Außerdem erlaubt dies einen direkten Zugriff auf das Partnerobjekt.

```
void test() {
  X x;
  Y y;
  y.x = &x;      // Verbindung zwischen x und y aufbauen
  y.x->bsp();    // entspricht x.bsp();
  y.x = 0;       // Verbindung zwischen x und y loesen
}
```

Dem Benutzer der Klasse werden dadurch nicht mehr Rechte eingeräumt als bei einer Implementation, die mit Zugriffsfunktionen arbeitet.

```
class Y {
public:
  void verbinde(X*);
  X* gibX();
  // ...
};
```

8.8.4 Bidirektionale Objektbeziehungen mit Kardinalität `0,n`

Bei einer bidirektionalen Objektbeziehung mit Kardinalität `0,n` ist wie bei den bereits behandelten bidirektionalen Objektbeziehungen mit Kardinalität `0,1` die referentielle Integrität zu wahren. Allerdings kann ein Objekt neue Beziehungen eingehen, ohne dabei seine alten aufgeben zu müssen. Beim Kopieren eines Objekts geht die Kopie die gleichen Beziehungen ein.

Zum Verwalten der Zeiger für die Beziehungen wird die STL-Containerklasse `set` benutzt. Damit sind mehrere Beziehungen zu verschiedenen Objekten möglich, aber nicht mehr als eine zu einem bestimmten Objekt.

```
class X;

class Y {
public:
  typedef set<X*, less<X*> > Container;
  friend void verbinde(X&, Y&);
  friend void trenne(X&, Y&);
  Y() {}
```

```
    ~Y() { trenneVonAllenX(); }
    Y(const Y&);
    Y& operator=(const Y&);
    bool istVerbundenMit(const X& xx) const {
      return x.find(const_cast<X*>(&xx)) != x.end();
    }
    void trenneVonAllenX();
    const Container& gibAlleX() const { return x; }
  private:
    void _verbinde(X& xx) { x.insert(&xx); }
    void _trenne(const X& xx) {
      x.erase(const_cast<X*>(&xx));
    }
    Container x;
  };

  class X { /* beziehungstechnisch symmetrisch zu Y */ };

  void Y::trenneVonAllenX() {
    while (!x.empty())
      trenne(**x.begin(), *this);
  }

  Y::Y(const Y& yy) {
    for (Container::const_iterator i(yy.x.begin());
         i != yy.x.end(); ++i)
      verbinde(**i, *this);
  }

  Y& Y::operator=(const Y& yy) {
    if (this != &yy) {
      trenneVonAllenX();
      for (Container::const_iterator i(yy.x.begin());
           i != yy.x.end(); ++i)
        verbinde(**i, *this);
    }
    return *this;
  }

  void verbinde(X& x, Y& y) {
    x._verbinde(y);
    y._verbinde(x);
  }

  void trenne(X& x, Y& y) {
    x._trenne(y);
    y._trenne(x);
  }

  inline void verbinde(Y& y, X& x) { verbinde(x, y); }
  inline void trenne(Y& y, X& x) { trenne(x, y); }
```

Die Verbindungsfunktionen verwenden als Parameter Referenzen statt Zeiger, um sinnlose Aufrufe mit dem Nullzeiger zu verhindern.

Die von der Klasse `Y` aufgerufenen Elementfunktionen `find` und `erase` der parametrisierten Containerklasse `set` deklarieren jeweils einen Parameter des Typs `const T&`, wobei `T` der Typparameter ist. Werden wie in der Klasse `Y` Zeiger verwaltet, ist zwar der Zeiger `const`, aber nicht das Objekt, das er referenziert. Deshalb sind die beiden Typkonversionen mittels `const_cast` notwendig.

Wie für bidirektionale Objektbeziehungen der Kardinalität `0,1` ist auch für bidirektionale Objektbeziehungen der Kardinalität `0,n` die Definition einer Beziehungsklasse möglich, wodurch sich die gleichen Vorteile ergeben. Auf die Vorstellung einer Implementation wird an dieser Stelle verzichtet.

8.9 Zusammenfassung

Wie in Abschnitt 8.1 erläutert, ist zwischen der individuellen und standardisierten Programmierung von Beziehungen abzuwägen. Dabei ist zu beachten, daß sich die Codegenerierung am besten für eine standardisierte Umsetzung eignet.

Während unidirektionale Beziehungen zu einem Objekt (siehe Abschnitt 8.2) mit einfachen Sprachmitteln realisiert werden können, sind zur sinnvollen Umsetzung von Beziehungen zu mehreren Objekten (siehe Abschnitt 8.3) Containerklassen erforderlich. Für die in Abschnitt 8.4 besprochenen bidirektionalen Beziehungen ist im Gegensatz zu unidirektionalen die referentielle Integrität zu wahren.

Benutztbeziehungen können zwar zur Dokumentation vom Benutzer eingegeben werden, spielen aber für die Codegenerierung keine Rolle (siehe Abschnitt 8.5). Praktische Schwierigkeiten, die, wie in Abschnitt 8.6 geschildert wurde, bereits bei verhältnismäßig kleinen Beispielen auftreten, erschweren eine möglichst exakte Umsetzung von Beziehungen in C++. Von den bisher entwickelten Vorschlägen zur Implementation von Beziehungen kann, wie in Abschnitt 8.7 gezeigt, noch keiner voll überzeugen. Auch die in Abschnitt 8.8 vorgestellten Implementationen sind ein auf die Codegenerierung abgestimmter Kompromiß.

9 Grafische Notation

Zur Analyse wird eine Notation benötigt, die leicht verständlich und schnell erlernbar ist, so daß die Auftraggeber von Softwareprojekten zusammen mit den Entwicklern über ein Projekt diskutieren können. Für die Implementation ist ein einfaches Analysemodell jedoch nicht aussagekräftig genug. Gerade bei der Implementation in C++ können die vielfältigen Möglichkeiten, die die Sprache bietet, nur ausgeschöpft werden, wenn zwischen die Analyse- und die Programmierschritte eine Designstufe geschaltet wird, in der das Analysemodell um Implementationsinformationen angereichert wird.

Grafische Präsentationsmethoden für Designinformationen sind sehr populär, weil es leichter ist, in Diagrammen Beziehungen zu erkennen, als diese dem Programmcode zu entnehmen. Mit Hilfe geeigneter Filter (siehe Abschnitt 9.10), mit denen die zu einem Zeitpunkt relevanten Informationen ein- und die nicht relevanten ausgeblendet werden können, wird gegenüber C++-Programmcode ein besserer Überblick erreicht. In Verbindung mit einem leistungsfähigen Codegenerator für C++ können wenige Mausklicks im grafischen Designmodell aufwendige C++-Texteingaben ersetzen. Es resultiert eine höhere Produktivität. Die Notation ist somit für den Einsatz in CASE-Tools gedacht und nicht etwa zum „Malen" von C++-Programmen.

In MAOOAM ist die grafische Notation für das statische Analysemodell an die Notation nach Coad und Yourdon (1991a) angelehnt, da sie die oben genannten Anforderungen erfüllt. Coad und Yourdon (1991b) verwenden dieselbe Notation auch in der Designphase. Es fehlen daher detaillierte Implementationsinformationen (Yourdon et al. 1995). Die vorliegende Arbeit schließt diese Lücke, indem die grafische Notation um C++-spezifische Elemente erweitert wird; die Erweiterungen orientieren sich partiell an der Methode von Booch (1994).

Die grafischen Elemente der Analysenotation für das statische Modell wurden bereits in Abschnitt 2.1 beschrieben. In diesem Kapitel werden die neu hinzugekommenen Elemente vorgestellt.

9.1 Zugriffsrechte

Die Zugriffsrechte für Attribute, Methoden, eingebettete Typen, Objekt-, Aggregations-, Benutzt- und Vererbungsbeziehungen werden auf die gleiche Art dargestellt: zwei senkrechte Striche ‖ für `private`, einer | für `protected` und keine Kennzeichnung für `public`. Dabei liegt die Idee zugrunde, daß ein Klassensymbol aus drei Schichten besteht (vgl. Ackroyd und Daum 1991).

Die innerste Schicht enthält die `private`, die mittlere die `protected` und die äußere die `public` Elemente (siehe Abbildung 9.1).

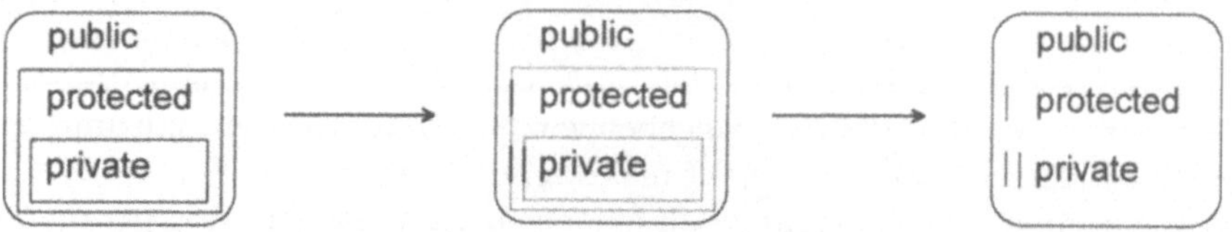

Abbildung 9.1: Zugriffsrechte

9.2 Klassen

Gegenüber der Analyse kommen im Design u. U. neue Klassen hinzu. Die Kennzeichnung der neuen Klassen kann entweder dadurch erfolgen, daß ihr Name kursiv geschrieben oder ein Ⓓ vorangestellt wird (vgl. Schader und Rundshagen 1996).

Wenn nötig, wird zur Aufnahme von eingebetteten Typen (siehe Abschnitt 9.2.3) und `friend`-Deklarationen von Klassen (siehe Abschnitt 9.2.4) ein vierter Abschnitt in das Klassensymbol aufgenommen. So können Angaben, die weder dem Klassennamen noch den Attributen oder Methoden zuzuordnen sind, dort gemacht werden.

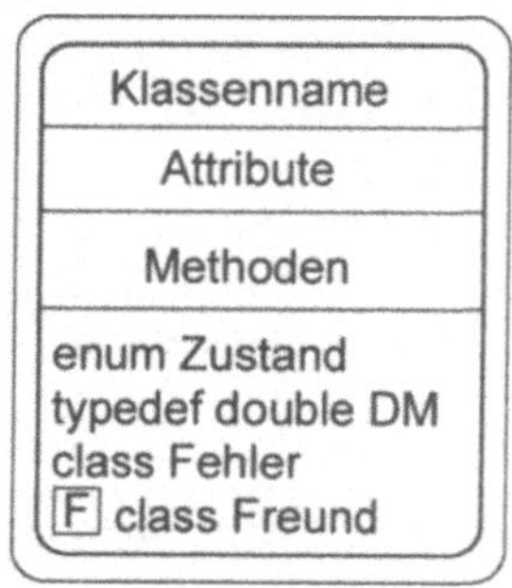

Abbildung 9.2: Vierter Abschnitt für Designdaten

9.2.1 Spezielle Eigenschaften

Spezielle Eigenschaften von Klassen (siehe Abschnitt 4.6) werden durch Implementationsmuster („Patterns“ oder auch „Idioms“) umgesetzt. Im Diagramm werden sie durch Symbole kenntlich gemacht, die im zugehörigen Klassensymbol hinter dem Klassennamen angeordnet werden (siehe Abbildung 9.6 auf Seite 109).

- Objekte können nicht kopiert werden.
- Es gibt genau ein Objekt.
- Objekte können ausschließlich auf dem Heap angelegt werden.
- Objekte können nicht auf dem Heap angelegt werden.

Nach Bedarf können weitere Eigenschaften, wie z. B. Persistenz, ergänzt werden.

9.2.2 Parametrisierte Klassen

Die Typparameter parametrisierter Klassen werden in einem Rechteck aufgeführt, das das Klassensymbol rechts oben überlappt. Für formale Typparameter wird das Rechteck mit einer gestrichelten Linie versehen, für die aktuellen Argumente dagegen mit einer durchgezogenen. Mehrere Typparameter stehen untereinander (vgl. Booch 1994).

Das Symbol für eine parametrisierte Klasse ist ein Rechteck. Im Gegensatz dazu ist ein Klassensymbol mit Umrandung für Objekte kaum sinnvoll, da nur Objekte von instanzierten Klassen existieren können. Ohne Objektumrandung würde dagegen eine abstrakte Klasse impliziert.

Durch einen gestrichelten Pfeil von einer parametrisierten zu einer konkreten Klasse wird eine Instanzierung symbolisiert. Dabei sind die formalen Typparameter durch aktuelle Typargumente zu ersetzen. Befinden sich unter den aktuellen Typargumenten Klassen, so sind je nach Verwendung entsprechende Beziehungen einzuzeichnen.

Beziehungen von parametrisierten Klassen untereinander sind ebenfalls darstellbar. Ähnlich zu Vererbungsbeziehungen werden die Attribute und Methoden von parametrisierten Klassen bei den konkreten Klassen nicht wiederholt. Spezielle Versionen können – analog zu überschriebenen Methoden – aufgenommen werden.

In Abbildung 9.3 ist dargestellt, wie die Aggregationsbeziehung der Klassen `Depot` und `Posten` mit Hilfe der parametrisierten Klasse `list` umgesetzt werden kann. (`list` ist eine Listenklasse der STL.)

9.2.3 Eingebettete Typen

Neue Bezeichner für Typen können in C++ mittels `typedef` eingeführt werden. Die zugehörige Definition wird in das Klassensymbol geschrieben. Auch mit Enumerationen kann so verfahren werden, indem `enum` gefolgt vom Bezeichner eingetragen wird. Auf das Aufzählen der einzelnen Enumeratoren sollte verzichtet werden, sofern sie im Diagramm nicht benutzt werden.

Booch (1994) schlägt vor, eingebettete Klassen in das Symbol der umgebenden Klasse aufzunehmen, was dann entsprechend zu vergrößern ist. Für

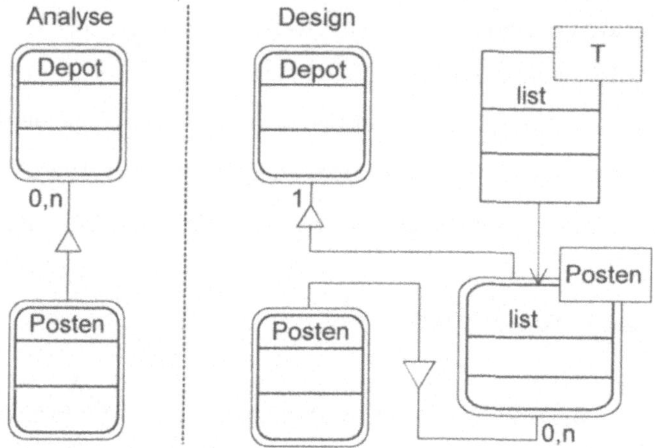

Abbildung 9.3: Instanzierung einer parametrisierten Klasse

mehr als eine Stufe ist dies jedoch nicht praktikabel. Außerdem sind Beziehungen zwischen der eingebetteten und umgebenden Klasse nur schlecht darstellbar. Deshalb werden im entwickelten Tool eingebettete Klassen mit einem separaten Klassensymbol gezeichnet, und der Name der umgebenden Klasse wird - wie in C++ üblich - ihrem Namen vorangestellt.

Der Zugriffsschutz einer eingebetteten Klasse wird vor den Klassennamen geschrieben (vgl. Booch 1994).

In Abbildung 9.4 ist die Klasse `Posten` im `private` Teil von `Depot` eingebettet. Es besteht eine Aggregationsbeziehung zwischen den beiden Klassen. Zum Vergleich ist links das Klassensymbol zeichnerisch eingebettet, während rechts ein separates Symbol benutzt wird.

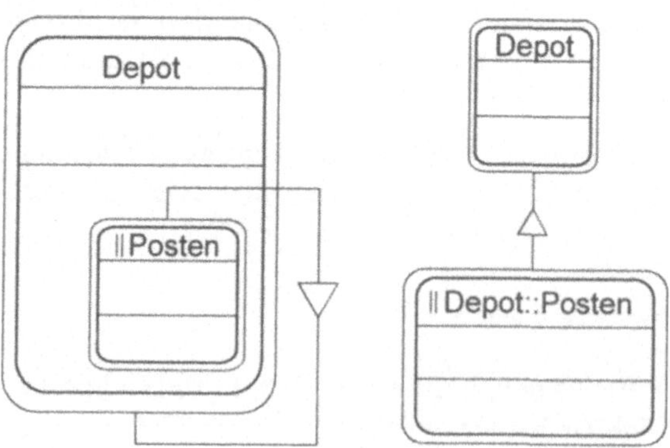

Abbildung 9.4: Notation für eingebettete Klassen im Vergleich

Die C++-Klassendefinitionen zu Abbildung 9.4 sollen vom Codegenerator – in Abhängigkeit von weiteren, in der Abbildung nicht dargestellten Angaben – wie folgt umgesetzt werden:

```
class Depot {
  // ...
private:
  class Posten {   // eingebette Klassendefinition
    // ...
  };
  list<Posten*> posten;  // Aggregationsbeziehung 0,n
};
```

Einen Spezialfall stellen eingebettete, leere Klassen dar, die z. B. für die Ausnahmebehandlung einsetzbar sind. Sie können einfach in das Klassensymbol geschrieben werden (vgl. Abbildung 9.2).

9.2.4 friend-Deklarationen

`friend`-Deklarationen für Klassen haben nur dann einen Zweck, wenn sie auch genutzt werden. Daher treten sie zusammen mit Beziehungen auf. Die Freundschaft zweier Klassen kann dadurch gekennzeichnet werden, daß die Beziehungslinie mit einem Ⓕ versehen wird (Booch 1994).

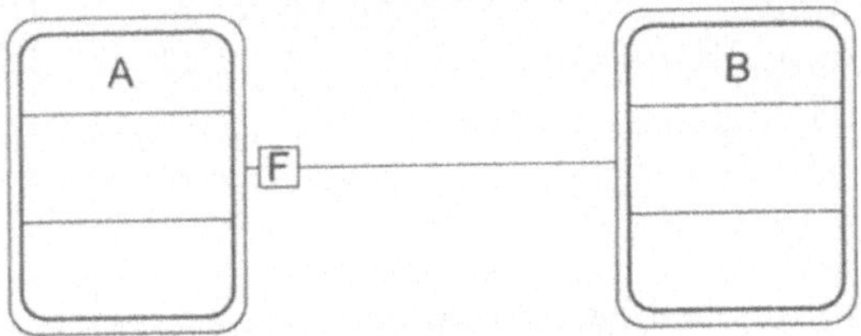

Abbildung 9.5: `friend`-Klassen

Die C++-Klassendefinitionen zu Abbildung 9.5, in der die Klasse `A` `friend` der Klasse `B` ist und eine Objektbeziehung besteht, könnten folgendermaßen aussehen:

```
class B {
  friend class A;
  // ...
};

class A {
  // ...
  B* b;
};
```

Bestehen mehrere Beziehungen zwischen zwei `friend`-Klassen oder ist die Zuordnung nicht eindeutig (wie z. B. bei einer Vererbungsbeziehung mit mehr als einer abgeleiteten Klasse), kann die `friend`-Deklaration auch in das Klassensymbol aufgenommen werden (siehe Abbildung 9.2 auf Seite

104). `friend`-Funktionen, die semantisch zu den Methoden gehören, werden dagegen in den Methodenabschnitt aufgenommen.

9.3 Attribute

Der Datentyp wird wie bei der Deklaration eines Datenelements innerhalb der Klassendefinition zusammen mit dem Bezeichner verknüpft. Damit die einheitliche Schreibweise `Datentyp Bezeichner` gewählt werden kann, sollten für komplexe Datentypen geeignete Typdefinitionen mittels `typedef` bereitgestellt werden (vgl. Abschnitt 3.2.4).

Soll sich ein Attribut während der Lebenszeit eines Objekts – abgesehen von der Initialisierung – nicht ändern, ist es als `const` zu spezifizieren. Dies wird durch ein Ⓒ dargestellt. Dabei werden komplexe Typen, wie beispielsweise Zeiger, so behandelt, als wäre der Datentyp mittels `typedef Typ* Zeiger;` eingeführt und das Datenelement in der Form `const Zeiger Bezeichner;` definiert worden, d. h. der Zeiger ist `const`.

Zeigertyp	C++	Anzeige
einfacher Zeiger	`Z* z;`	`Z* z`
konstanter Zeiger	`Z*const z;`	Ⓒ `Z* z`
Zeiger auf Konstante	`const Z* z;`	`const Z* z`
konstanter Zeiger auf Konstante	`const Z*const z;`	Ⓒ `const Z* z`

Attribute, die zur Klasse selbst und nicht zu den einzelnen Objekten gehören, werden in C++ `static` deklariert. Dies wird durch Voranstellen eines Ⓢ gekennzeichnet.

Ein Datenelement, das seinen Wert auch dann ändern kann, wenn das Objekt `const` ist, wird als `mutable` deklariert, was durch ein Ⓜ angedeutet wird.

Soll der C++-Compiler für ein Datenelement spezielle Codeoptimierungen unterlassen, wird das Datenelement als `volatile` deklariert. Dies wird äußerst selten benötigt, so daß es ausgeschrieben wird. (Das Symbol Ⓥ ist für `virtual` reserviert.)

`mutable` kann nicht mit `const` oder `static` kombiniert werden (Schader und Kuhlins 1995); alle anderen Kombinationen von `const`, `mutable`, `static` und `volatile` sind hingegen zulässig. Somit wird Platz für höchstens drei Symbole benötigt.

9.4 Methoden

Der Typ des Rückgabewerts wird dem Bezeichner vorangestellt, und die Parameterliste wird in `()` angefügt. Hierbei genügt normalerweise die Angabe der Parametertypen. Es können aber auch wie bei Funktionsdeklarationen die Parameternamen und Standardargumente aufgeführt werden, was allerdings mitunter sehr viel Platz in Anspruch nimmt.

Für spezielle Elementfunktionen wie Konstruktoren, Destruktoren und Operatoren wird der Bezeichner wie in C++-Klassendefinitionen dargestellt, z. B. `Wertpapier`, `~Wertpapier` und `operator==` (siehe auch Abbildung 9.6).

In C++ können Elementfunktionen überladen werden, so daß grundsätzlich alle Versionen einer Elementfunktion anzuzeigen sind. Allerdings können einzelne Versionen, die sich in der Anzeige nicht unterscheiden, beispielsweise weil entsprechende Filter gesetzt sind, zusammengefaßt werden.

Elementfunktionen können als `const`, `static` oder `volatile` deklariert werden. Die Darstellung erfolgt analog zu den Attributen mittels C, S bzw. durch Ausschreiben. Darüber hinaus können Elementfunktionen `inline` deklariert werden, was durch I dargestellt wird. Virtuelle Elementfunktionen werden durch V gekennzeichnet und rein virtuelle durch 0.

Besitzt eine Elementfunktion eine Ausnahmespezifikation (`throw`-Liste), kann dies durch ein T angezeigt werden. Das Aufführen der kompletten `throw`-Liste ist zwar möglich, z. B. per Mausklick, kostet aber in der Regel zuviel Platz. Das Einzeichnen entsprechender, mit T „verzierter" Benutztbeziehungen zu Ausnahmeklassen ist bei vielen Klassen unübersichtlich und außerdem ungenau, da die `throw`-Liste einer bestimmten Methode nicht ablesbar ist.

Konstruktoren mit einem Parameter, die nicht für implizite Typumwandlungen benutzt werden sollen, können `explicit` deklariert werden, was mit E symbolisiert wird. Die Anzeige sollte nur zusammen mit den Parametern des Konstruktors erfolgen.

Die Typparameter parametrisierter Elementfunktionen können in spitzen Klammern an den Funktionsnamen angefügt werden, z. B. `void funk<S,`

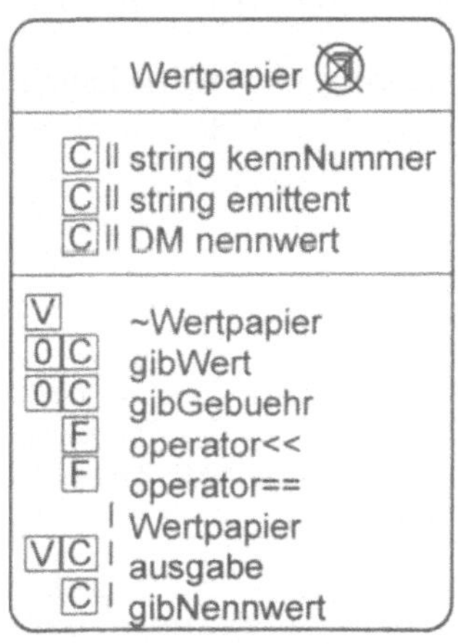

Abbildung 9.6: Die Klasse `Wertpapier` in der typischen Designsicht

`T>(S, T)` als Kurzschreibweise für `template<class S, class T> void funk(S, T)`.

Die Abbildung 9.6 zeigt die abstrakte Klasse `Wertpapier` in der typischen Designsicht, bei der die Rückgabetypen und Parameterlisten der Elementfunktionen ausgeblendet sind.

Werden Klassen mit allen Informationen, also inklusive der Rückgabetypen und Parameterlisten der Elementfunktionen, angezeigt, beanspruchen die Klassensymbole sehr viel Platz und die Übersichtlichkeit des Diagramms geht verloren (siehe Abbildung 9.7). Damit ist auch der Vorteil gegenüber der Bearbeitung des C++-Programmcodes vertan. Es ist deshalb wichtig, immer den für die Bearbeitung am besten geeigneten Filter (siehe Abschnitt 9.10) einzustellen, so daß die gerade relevanten Informationen deutlich hervortreten.

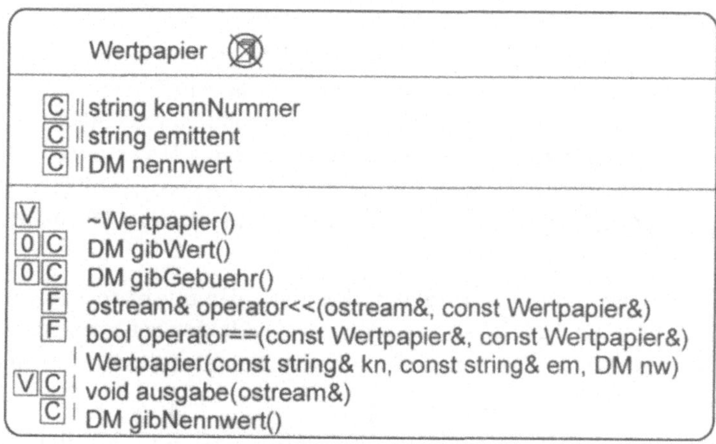

Abbildung 9.7: Die Klasse `Wertpapier` mit allen Designinformationen

Die Transformation einer Klasse von der Designsicht (Abbildung 9.7) in die C++-Klassendefinition bereitet keine Schwierigkeiten. Die benötigten Informationen zur Codegenerierung sind vollständig vorhanden.

```
class Wertpapier {
public:
  virtual ~Wertpapier();
  virtual DM gibWert() const = 0;
  virtual DM gibGebuehr() const = 0;
  friend ostream& operator<<(ostream&, const Wertpapier&);
  friend bool operator==(const Wertpapier&,
    const Wertpapier&);
protected:
  Wertpapier(const string& kn, const string& em, DM nw);
  virtual void ausgabe(ostream&) const;
  DM gibNennwert() const;
private:
  Wertpapier(const Wertpapier&);  // nicht kopierbar
```

```
    Wertpapier& operator=(const Wertpapier&);   // dito
    const string kennNummer;
    const string emittent;
    const DM nennwert;
};
```

9.5 Vererbungsbeziehungen

Gegenüber der Analyse können Vererbungsbeziehungen (*is-a*) im Design für C++ um Zugriffsspezifizierer und virtuelle Ableitungen erweitert werden (vgl. Kapitel 7). Die Angaben stehen bei der abgeleiteten Klasse, weil es zu einer Basisklasse mehrere abgeleitete Klassen geben kann.

Der Regelfall einer nicht virtuellen `public` Ableitung wird nicht gesondert ausgewiesen. Der Zugriffsspezifizierer `private` wird mit ‖ und `protected` mit | gekennzeichnet (vgl. Abschnitt 9.1). Im Falle einer virtuellen Ableitung erhält die Vererbungslinie in der Nähe der abgeleiteten Klasse ein 🅅 (vgl. Booch 1994).

In Abbildung 9.8 ist eine Vererbungsstruktur dargestellt, wie sie bei der Modellierung eines Schachspiels auftreten könnte. Die Ableitung der Dame von Turm und Läufer ist durch die Zugeigenschaften motiviert. So kann die Dame die Implementation von Turm und Läufer wiederverwenden. Allerdings ist eine Dame kein Turm, da sie nicht an der Rochade teilnehmen kann.

Zu den Vererbungsbeziehungen in Abbildung 9.8 gehören die Klassendefinitionen:

```
class Figur { /* ... */ };
class Turm : virtual public Figur { /* ... */ };
```

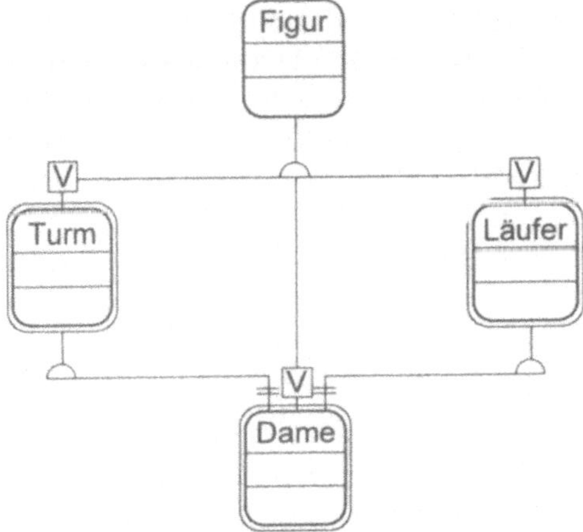

Abbildung 9.8: Darstellung von Vererbungsbeziehungen im Design

```
class Laeufer : virtual public Figur { /* ... */ };
class Dame : virtual public Figur,
  private Turm, private Laeufer { /* ... */ };
```

9.6 Aggregations-, Objekt- und Benutztbeziehungen

Zusätzlich zu den Analyseangaben kann für Aggregationsbeziehungen (*has-a*) spezifiziert werden, ob sie *by value* (klassenwertige Attribute) oder *by reference* (Zeiger oder Referenzen) umgesetzt werden (siehe Seite 86). Symbolisiert wird dies durch Ⓦ bzw. Ⓡ am Startpunkt der Linie beim Klassensymbol der Gesamtheit. (Die Positionierung ist konsistent zur Darstellung bei Coad und Yourdon, aber anders als bei Booch.) Am Klassensymbol des Teils wird die Linie nicht mit einem Symbol versehen, weil die Beziehung vom Teil zur Gesamtheit in jedem Fall nur *by reference* realisierbar ist. (Gegenseitige *by value* Beziehungen sind nicht implementierbar, und eine *by reference* Beziehung von der Gesamtheit zum Teil bei gleichzeitig bestehender *by value* Beziehung vom Teil zur Gesamtheit würde den Sachverhalt der Aggregationsbeziehung umkehren.)

Für Objektbeziehungen ist keine explizite Qualifizierung notwendig, da diese im Gegensatz zu Aggregationsbeziehungen immer *by reference* umgesetzt werden. Auch für Benutztbeziehungen (*uses-a*) ist die Unterscheidung *by value* versus *by reference* sinnlos, weil kein Datenelement existiert, sondern die andere Klasse für Funktionsparameter, lokale Objekte, Ausnahmen oder Template-Instanzierungen benutzt wird. Benutztbeziehungen werden durch eine Linie, die im Unterschied zu Objektbeziehungen am Startpunkt ein Ⓤ hat, von der benutzenden zur benutzten Klasse symbolisiert. Ist die Beziehung bidirektional, wird dies durch ein zweites Ⓤ gekennzeichnet.

Da die Umsetzung von Objekt- und Aggregationsbeziehungen durch Datenelemente erfolgt, können diese Beziehungen prinzipiell mit den gleichen Eigenschaften wie Attribute versehen werden. Der Name des Datenelements kann – sofern vorhanden – aus dem Rollennamen abgeleitet werden. Die Rollennamen müssen deshalb eindeutig sein. Der Datentyp ergibt sich aus der Partnerklasse, der Kardinalität und daraus, ob die Beziehung *by reference* oder *by value* zu implementieren ist. Wie für Attribute können die Angaben in einer Zeile geschrieben und in Höhe der Kardinalitätsangaben an der Linie positioniert werden. Mit dem Eintragen einer entsprechenden Zeile in die Attributschicht (vgl. Coad und Nicola 1993) ist die eindeutige Zuordnung zu einer Beziehung dagegen nicht gewährleistet, z. B. weil zu einer anderen Klasse mehrere Beziehungen bestehen können.

Die Zugriffsrechte von Beziehungen werden durch zur Linie senkrechte Striche symbolisiert (vgl. Abschnitt 6.4). Gilt eine Beziehung für die Klasse statt für die Objekte, so wird sie in C++ `static` umgesetzt, was durch ein Ⓢ in der Linie gekennzeichnet wird. (Das Anknüpfen der Linie am Klassensymbol statt an der Objektumrandung ist bei abstrakten Klassen nicht eindeutig.)

Im Gegensatz zu Vererbungsbeziehungen sind an einer Objekt-, Benutzt- oder Aggregationsbeziehung immer genau zwei Klassen beteiligt, so daß sämtliche Angaben zu einer Beziehung am Linienanfang bei der Klasse positioniert werden können, aus deren Sicht die Spezifikation erfolgt.

In Abbildung 9.9 ist ein Beispiel für eine Objektbeziehung mit Kardinalität `1` zwischen einem Posten eines Depots und der abstrakten Klasse `Wertpapier` dargestellt.

Abbildung 9.9: Objektbeziehung

Die Umsetzung erfolgt mittels einer `private` deklarierten Referenz auf `Wertpapier`. Die zugehörigen C++-Klassen könnten folgendermaßen definiert sein.

```
class Wertpapier { /* ... */ };

class Posten {
public:
  // ...
private:
  Wertpapier& wp;
};
```

9.7 Nachrichtenverbindungen

Nachrichtenverbindungen werden im Design gegenüber der Analyse keine Informationen hinzugefügt (siehe Abschnitt 3.3), deshalb bleibt ihre Darstellung unverändert.

9.8 Subjekte

Zusätzlich zu den in der Analyse angezeigten Daten können beim Design die in einem Subjekt global deklarierten Funktionen, Objekte bzw. Variablen, Typen und Enumeratoren visualisiert werden. Dabei kann die eingeführte Symbolik zum Einsatz kommen. Zweckmäßigerweise sind die Daten in einem Block innerhalb des Subjektrahmens zu plazieren.

Das Anlegen eines Subjekts *Global*, das von allen anderen benutzt werden kann, ohne dazu Beziehungslinien einzuzeichnen, kann zur Steigerung der Übersichtlichkeit dienen (vgl. Booch 1994). In Abbildung 9.10 besitzt die Klasse `Wertpapier` zwei Attribute der Klasse `string` des Subjekts `Global`.

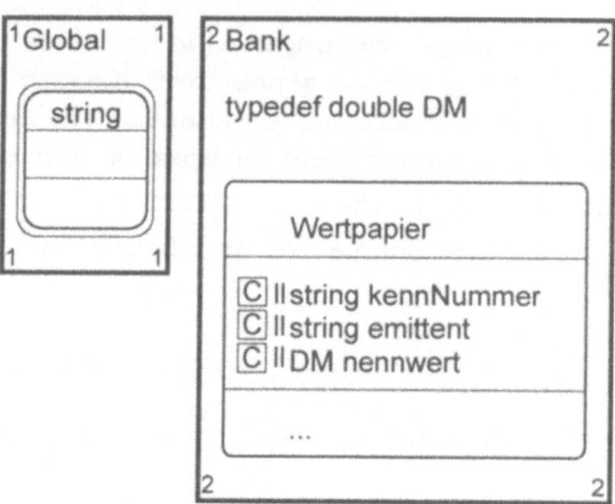

Abbildung 9.10: Subjekte

Um Platz zu sparen, können Klassen, die ohne Attribute und Methoden angezeigt werden, auch mittels `class string { /*...*/ }` dargestellt werden (siehe Abbildung 9.13 auf Seite 117).

9.9 Anmerkungen

Trotz einer Fülle an Symbolen gibt es immer wieder Sachverhalte, die sich in einem Modell nicht adäquat abbilden lassen. In diesen und anderen Fällen sind Anmerkungen bzw. Notizen hilfreich. Diese werden als Rechteck mit „Eselsohr" dargestellt. Beziehen sie sich auf eine Klasse oder Beziehung, werden sie mit einer gestrichelten Linie mit dem entsprechenden Symbol verbunden. Anmerkungen können beliebigen Text enthalten – z. B. auch Programmcode (vgl. Booch 1994).

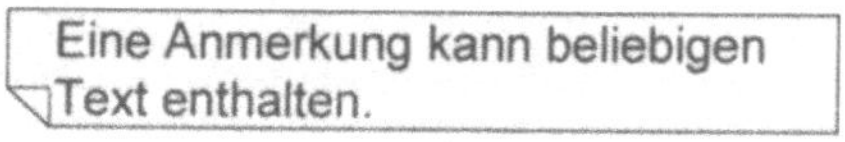

Eine Anmerkung kann beliebigen Text enthalten.

Abbildung 9.11: Anmerkung

9.10 Filter

Die Designnotation ist eine echte Obermenge der Analysenotation. Werden sämtliche im Design zusätzlich zur Analyse hinzugekommenen Informationen ausgeblendet, ist das Resultat ein statisches Analysediagramm. Wenn umgekehrt alle im Design erfaßten Informationen angezeigt werden, ist das schon fast der C++-Programmcode. Die Programmentwickler interessieren sich zu einem Zeitpunkt jeweils nur für einen meist kleinen Teil der gesamten Daten, deshalb müssen sie die für sie relevanten Daten ein- und die nicht relevanten ausblenden können. Diesem Zweck dienen sogenannte *Filter*, mit denen beliebige Sichten auf die Daten definiert werden können.

Alle Elemente eines Diagramms wie Subjekte, Klassen, Vererbungs-, Aggregations-, Objekt- und Benutztbeziehungen müssen wahlweise ein- und ausgeblendet werden können. Ebenso wird gesteuert, welche der vielfältigen Symbole und Texte für Datentypen, Parameterlisten usw. angezeigt werden. Um die Einstellung zu erleichtern, sind vordefinierte Sätze für gebräuchliche Sichten vorzusehen, wie z. B. für

- die *Benutzersicht*, die lediglich die öffentliche Schnittstelle mit den `public` Elementen und `friend`-Funktionen enthält,
- die *Ableitungssicht*, die zusätzlich die `protected` Elemente umfaßt,
- die *Implementationssicht*, die alles inklusive der `private` Elemente einschließt.

Die grafische Designnotation kann auch als eine Art „Class-Browser" eingesetzt werden, indem für abgeleitete Klassen die geerbten Attribute und Methoden zusammen mit den für die Klasse definierten angezeigt werden. Dadurch entfällt aufwendiges Suchen in Vererbungshierarchien.

Als Beispiel für ein Dialogfenster zum Einstellen von Filtern enthält Abbildung 9.12 den Attributfilter. Dort ist eingestellt, daß Attribute mit ihrem Datentyp, ihren Zugriffsrechten und Qualifizierern angezeigt werden. Ausgeblendet sind dagegen alle Attribute, die `mutable` oder `volatile` deklariert sind. Die Markierungsfelder **Attribute**, **Datentyp**, **Zugriffsrechte** und **Qualifizierer** geben also an, ob die zugehörigen Texte bzw. Symbole überhaupt angezeigt werden. Dagegen wird über die anderen Markierungsfelder (**private**, **protected**, **public**, **const**, **static**, **mutable** und **volatile**) gesteuert, welche Eigenschaften ein Attribut besitzen muß um angezeigt zu werden. Die Dialogfenster für andere Filter sind ähnlich aufgebaut.

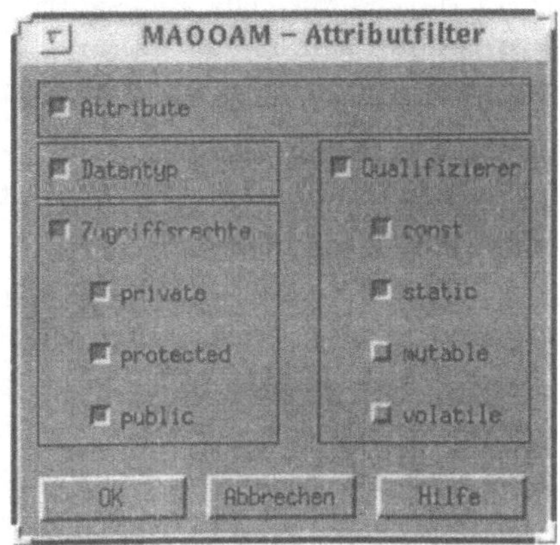

Abbildung 9.12: Attributfilter einstellen

9.11 Zusammenfassung der Symbole

Die Tabelle 9.1 enthält die gegenüber der grafischen Analysenotation von MAOOAM hinzugekommenen Symbole zusammen mit ihrer zugehörigen Bedeutung.

Symbol	Bedeutung
‖	`private`
|	`protected`
	`public`
Ⓒ	`const`
Ⓓ	Designklasse
Ⓔ	`explicit`
Ⓕ	`friend`
Ⓘ	`inline`
Ⓜ	`mutable`
Ⓡ	Aggregation *by reference*
Ⓢ	`static`
Ⓣ	`throw`
Ⓤ	Benutztbeziehung (*uses-a*)
Ⓥ	`virtual` Methode
Ⓥ	`virtual` Ableitung
volatile	`volatile`
Ⓦ	Aggregation *by value* (Wert)
⓪	rein virtuelle Methode

Tabelle 9.1: Symbole der grafischen Designnotation

9.12 Depotbeispiel

In Abbildung 9.13 ist das Modell der Depotverwaltung einer Bank in der grafischen Designnotation dargestellt. Die Rückgabe- und Parametertypen der Methoden sind ausgeblendet. Aus Platzgründen ist das Subjekt `Bank`, zu dem die Klassen des Problembereichs gehören, nicht eingezeichnet.

Gegenüber dem Analysemodell (siehe Abbildung 2.1 auf Seite 12) erfolgten im Designmodell des Depotbeispiels einige Änderungen, die typisch für den Übergang von der Analyse zum Design sind.

Die Kardinalitäten von `Posten` zu `Depot` und `Wertpapier` zu `Posten` sind entfallen, weil ein `Posten` nicht wissen muß, zu welchem `Depot` er gehört, und weil ein `Wertpapier` keine Information darüber besitzen muß, welche `Posten` es referenzieren.

Außer syntaktisch notwendigen Korrekturen von Bezeichnern sind auch stilistische Änderungen durchgeführt worden, z. B. beginnen die Namen von Datenelementen und Elementfunktionen mit einem Kleinbuchstaben und

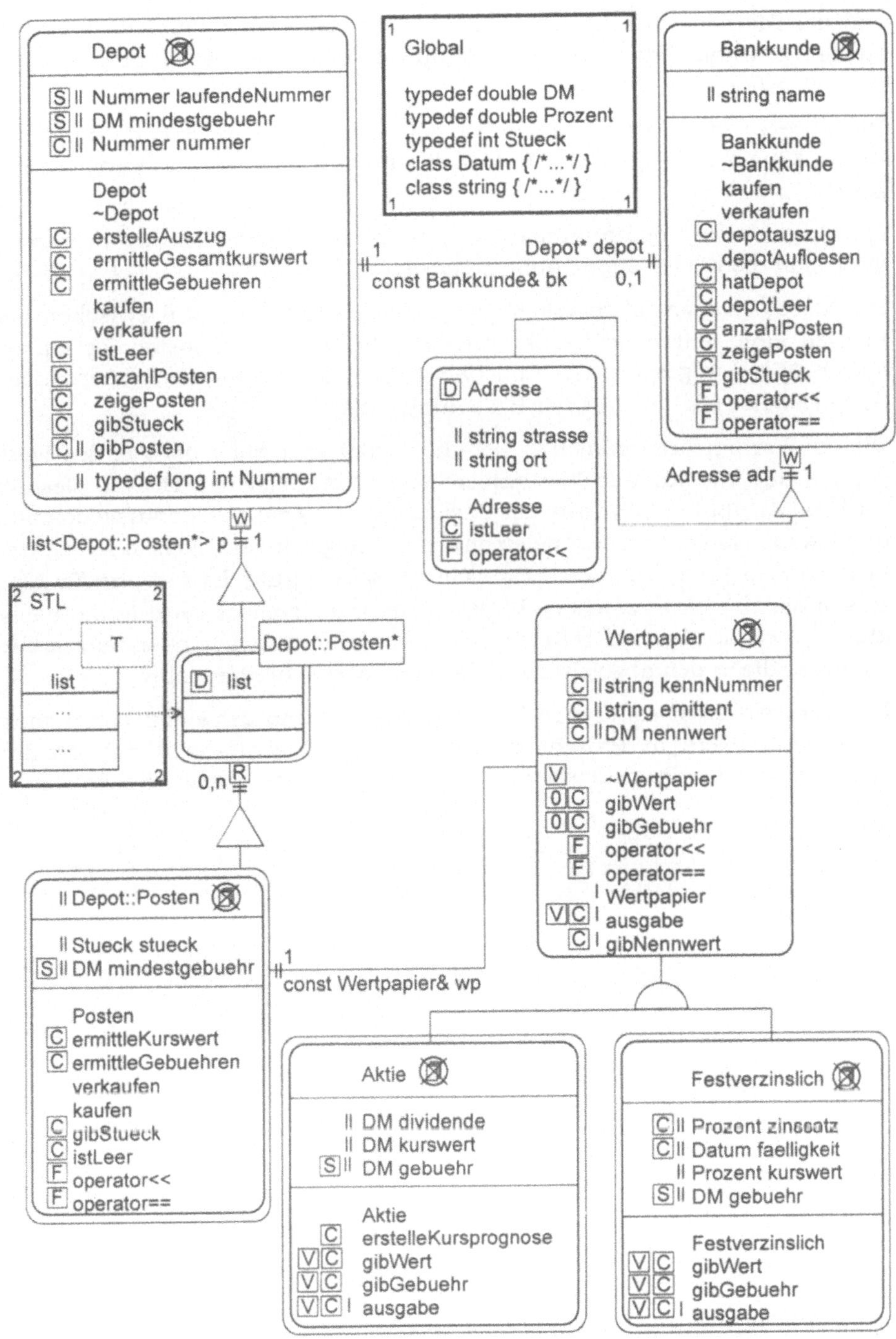

Abbildung 9.13: Depotbeispiel in der grafischen Designnotation

aus der Methode Wertpapier kaufen der Klasse Bankkunde ist einfach kaufen geworden, da durch den Parameter des Typs Wertpapier klar ist, was gekauft wird.

Die Adresse eines Bankkunden ist als Aggregation modelliert, damit die Klasse Adresse eigenständig im Modell auftritt und wiederverwendet werden kann.

Zur Vergabe der Depotnummern wird ein static Datenelement laufendeNummer in die Klasse Depot aufgenommen.

Die Klasse Posten ist in die Klasse Depot eingebettet, weil zwischen den Klassen eine sehr enge Verbindung besteht. Ein Depotposten ist auf die Klasse Depot zugeschnitten und daher nicht allgemein wiederverwendbar, beispielsweise als Posten einer Bestellung.

Die für Wertpapiere anfallende Gebühr richtet sich nach der Art des Wertpapiers und hat für alle Wertpapiere einer Art denselben Betrag. Deshalb wird das Attribut Gebühr aus der Basisklasse Wertpapier herausgenommen und jeweils als static Datenelement in den abgeleiteten Klassen Aktie und Festverzinslich umgesetzt. Da sich die Berechnung der Gebühr für Aktien von der für festverzinsliche Wertpapiere unterscheidet, wird in die Basisklasse Wertpapier eine rein virtuelle Elementfunktion gibGebuehr aufgenommen, die in den abgeleiteten Klassen zu überschreiben ist.

Der Kurswert einer Aktie wird in DM angegeben und der eines festverzinslichen Wertpapiers in Prozent des Nennwerts. Deshalb wird das Attribut Kurswert aus der Basisklasse in die abgeleiteten Klassen verschoben.

10 Qualitätssicherung

Es muß gewährleistet werden, daß ein Programm die ihm gestellte Aufgabe korrekt löst. Zu diesem Zweck können im Design formale Spezifikationen angegeben werden, die von der Implementation zu erfüllen sind, zur Laufzeit des Programms in Form von Zusicherungen überprüft werden können und so beim Testen und Debugging helfen. Es soll deshalb für den Benutzer möglich sein, Invarianten für Klassen sowie Vor- und Nachbedingungen für Funktionen einzugeben, ähnlich wie dies beispielsweise bei der FUSION-Methode (Coleman et al. 1994) und bei Booch (1994) vorgesehen ist. Sie sind Bestandteil der Programmdokumentation (Meyer und Nerson 1993).

10.1 Klasseninvarianten, Vor- und Nachbedingungen

Bei der Implementation von Invarianten für Klassen sowie Vor- und Nachbedingungen für Funktionen kann die Programmiersprache Eiffel als Leitbild dienen, weil diese Konzepte dort integriert sind (Meyer 1988). Übertragen auf C++ ist eine Klasseninvariante eine Bedingung, die nach der Ausführung eines Konstruktors bis zur Ausführung des Destruktors vor und nach jeder Ausführung einer `public` Elementfunktion bzw. `friend`-Funktion gültig ist. Sie gehört also zu allen Funktionen, die die Schnittstelle der Klasse bilden, und ersetzt immer gleiche Prüfungen in den Vor- und Nachbedingungen. Mit Hilfe von Invarianten können auch Zusammenhänge formuliert werden, die sich nicht mittels Kardinalitäten ausdrücken lassen (Coleman et al. 1994).

Eine Vorbedingung ist eine Bedingung, die beim Aufruf einer Funktion erfüllt sein muß. Sie beschreibt die Umstände, unter denen die Funktion aufgerufen werden darf. Dies muß der Aufrufer gewährleisten. Eine Nachbedingung ist eine Bedingung, die erfüllt ist, wenn die Funktion beendet wird. Sie beschreibt somit, wie das System durch den Aufruf geändert wurde. Dies ist von der Funktion zu leisten. Beides zusammen bezeichnet Meyer (1988 und 1993) als *„programming by contract“*. Dabei hat auf der einen Seite der Aufrufer die Gewißheit, daß die Nachbedingung erfüllt wird, sofern die Vorbedingung erfüllt war, und auf der anderen Seite muß sich die Funktion nicht um Fälle kümmern, in denen die Vorbedingung verletzt ist, wodurch sich die Programmierung vereinfacht, weil nicht alle „Eventualitäten“ zu berücksichtigen sind.

Für C++ gibt es Vorschläge, Zusicherungen in der Sprache zu verankern (Cline und Lea 1990a und 1990b, Porat und Fertig 1995). Im aktuellen Sprachstandard (WP) ist dies aber nicht vorgesehen. Daher sind im Design spezifizierte Zusicherungen mit den vorhandenen Sprachmitteln auszudrükken. Dies ist zwar prinzipiell möglich (vgl. Eliëns 1995, Stroustrup 1994a und 1994b), erfordert jedoch erheblichen Programmieraufwand aufgrund der fehlenden Sprachunterstützung. Die Codegenerierung kann hier die fehlende Sprachunterstützung weitestgehend ersetzen.

Klasseninvarianten, Vor- und Nachbedingungen sind vom Benutzer zu formulierende Ausdrücke vom Typ `bool`. Sie liefern `true`, wenn die Bedingung erfüllt ist und anderenfalls `false`. Während der Programmentwicklung werden sie in den (generierten) Programmcode aufgenommen und zur Laufzeit geprüft. Im ausgelieferten Programmcode werden sie in der Regel entfernt, damit die Performance des Programms nicht beeinträchtigt wird. Für Klassenbibliotheken kann es allerdings sinnvoll sein, neben einer Version ohne Prüfungen auch eine auszuliefern, in der die Vorbedingungen geprüft werden (vgl. Rogue Wave 1996). Das Tool soll daher die Möglichkeit vorsehen, für alle oder einzelne Klassen die Prüfungen zu aktivieren bzw. deaktivieren, die Auswertung der Vor- und Nachbedingungen zu steuern und für Klasseninvarianten anzugeben, ob sie zu Beginn von Funktionen, am Ende oder an beiden Stellen geprüft werden. Die zu prüfenden Ausdrücke dürfen keine Seiteneffekte beinhalten, da diese im Falle des Entfernens der Prüfungen verloren gehen.

In der Klasseninvariante ist der Zugriff auf Datenelemente und `const` Elementfunktionen der Klasse zulässig. In den Vor- und Nachbedingungen können zusätzlich die jeweiligen Funktionsargumente einbezogen werden. Es ist darauf zu achten, daß keine Rekursion durch den Aufruf von `const` Elementfunktionen in Zusicherungen entsteht, z. B. weil eine Funktion, die zur Formulierung der Klasseninvariante benutzt wird, selbst die Klasseninvariante prüft.

Die Klasseninvariante muß direkt nach dem Eintritt und vor dem Verlassen einer Elementfunktion geprüft werden. Ausgenommen sind die Konstruktoren – hier entfällt die Prüfung beim Eintritt – und der Destruktor – hier entfällt die Prüfung beim Verlassen. Für die Klasseninvariante soll das Tool eine Elementfunktion `bool invariant() const` definieren, die jeweils zusammen mit den Vor- und Nachbedingungen der Funktionen aufgerufen wird. Ist die Klasse als Basisklasse vorgesehen, so ist die Funktion als `protected` und `virtual` zu definieren, sonst `private` und ggf. `inline` (vgl. Eliëns 1995).

Wenn das Auswerfen einer Ausnahme den normalen Kontrollfluß einer Elementfunktion ändert, darf die Klasseninvariante nicht verletzt werden. Rekursive Funktionen müssen für die Gültigkeit der Invariante bei der Rückkehr zum ursprünglichen Aufrufer sorgen (Eliëns 1995). Elementfunktionen, die für den klasseninternen Gebrauch bestimmt sind und die Klasseninvariante nicht wiederherstellen, sollten nicht `public` deklariert werden. Umgekehrt kann die Prufung von Zusicherungen für nicht `public` Hilfsfunktionen, die nicht zur Schnittstelle einer Klasse zählen, entfallen. Ebenso kann auf die Prüfung der Invariante in Nachbedingungen für `const` Elementfunktionen verzichtet werden, weil sie die Datenelemente ihrer Klasse nicht modifizieren. Allerdings gilt dies nicht, wenn für die Klasse mutable Datenelemente definiert sind.

Die Vorbedingung einer Funktion wird beim Eintritt und die Nachbedingung entsprechend beim Verlassen einer Funktion geprüft. Zur Formulierung der Nachbedingung werden meist die zu Beginn der Funktion gültigen Werte benötigt. In Eiffel steht dazu das Schlüsselwort old zur Verfügung (Meyer 1988). In C++ sind die benötigten Werte explizit zu speichern, wobei die alten Werte lokal zur Funktion zu halten sind, da innerhalb einer Funktion andere aufgerufen werden können. Für die zugrundeliegenden Datentypen müssen der Copy-Konstruktor und die in den Zusicherungen eingesetzten Operationen, wie z. B. Vergleiche, definiert sein.

Falls der Rückgabewert einer Funktion in die Nachbedingung einbezogen werden soll, kann dies mittels result geschehen (vgl. FAQ 108). Die Umsetzung erfolgt, indem der Ausdruck der return-Anweisung in einer lokalen Konstanten namens result, die den Rückgabetyp der Funktion besitzt, gespeichert wird. Danach wird die Prüfung der Nachbedingung vorgenommen, und zuletzt wird die Funktion mittels return result; beendet.

Damit Zusicherungen für den Benutzer einer Klasse verständlich sind und das Geheimnisprinzip gewahrt wird, sollten sie nur public deklarierte const Elementfunktionen und Funktionsparameter benutzen (vgl. FAQ 108). Außerdem kann auf globale, meist friend-Funktionen zugegriffen werden, die ebenfalls zur Schnittstelle der Klasse gehören.

require soll für Vor- und promise für Nachbedingungen benutzt werden (vgl. Eliëns 1995). Die Implementation kann auf dem von C bekannten Makro assert basieren (Kernighan und Ritchie 1988). Das Programm wird dann unter Angabe des geprüften Ausdrucks, der Zeilennummer und des Dateinamens abgebrochen, wenn eine Zusicherung nicht erfüllt ist. Ein Programmabbruch ist insofern akzeptabel, als die Idee des Testens das Entdekken von Fehlern und nicht deren Behandlung ist (Coleman et al. 1994). Ist ein Programmabbruch zu drastisch, kann das Auswerfen einer Ausnahme erwogen werden. Ein Vorschlag hierzu ist eine parametrisierte Funktion der Art (Stroustrup 1994a und 1994b):

```
template<class T, class X>
inline void Assert(T expr, X x) {
  if (!NDEBUG)
    if (!expr) throw x;
}
```

Allerdings ist ohne weitere Vorkehrungen die Lokalisierung des Fehlers schwierig. Wenn eine Zusicherung verletzt ist, sollten zur Fehlersuche folgende Informationen bereitgestellt werden (Porat und Fertig 1995):

- der Typ der Ausnahme (Invariante, Vor- oder Nachbedingung)
- für Invarianten der Zeitpunkt (Beginn oder Ende der Funktion)

- der Name der Elementfunktion
- der Name der Klasse und der Datei
- der Teil der Bedingung, der `false` lieferte

In abgeleiteten Klassen haben die Klasseninvarianten der Basisklassen Gültigkeit und sollten daher nicht abgeschwächt werden. Die Prüfung beider Klasseninvarianten kann durch Verknüpfung mittels `&&` erfolgen.

Für virtuelle Elementfunktionen abgeleiteter Klassen gilt, daß die Vorbedingung nicht stärker und die Nachbedingung nicht schwächer als in der Basisklasse sein sollte (FAQ 116, Meyer 1988, Porat und Fertig 1995). Meyer (1988) nennt dies *„subcontracting"*. Eliëns (1995) schlägt statt dessen *„refinement"* vor. Nach Porat und Fertig (1995) sollen die Vorbedingungen mittels `||` und die Nachbedingungen mittels `&&` verknüpft werden.

Auch für `friend`-Funktionen und `static` Elementfunktionen können Vor- und Nachbedingungen formuliert werden. Weil sie keinen `this`-Zeiger besitzen, kann die Klasseninvariante nur geprüft werden, wenn ein Objekt der Klasse als Parameter übergeben wird.

Im Zusammenhang mit Zusicherungen zeigt sich ein weiterer Grund, warum `public` Datenelemente verpönt sind; denn die sie betreffenden Zusicherungen können nur mit erheblichem Aufwand unmittelbar geprüft werden. Bei nicht `public` Datenelementen können die Prüfungen dagegen in den sie modifizierenden Elementfunktionen erfolgen.

10.2 Kritische Betrachtung

Zur Laufzeit werden die Zusicherungen, die der Benutzer im Design formuliert und die der Codegenerator in den erzeugten Programmcode aufnimmt, lokal in bezug auf Funktionen geprüft. Ruft eine Funktion andere Funktionen auf, prüfen diese sich wiederum selbst, so daß gewährleistet ist, daß sich jedes einzelne der an einem Vorgang beteiligten Objekte in einem konsistenten Zustand befindet. *„The whole will be correct because every part is correct, and because every combination of parts is tested."* (FAQ 227). Allerdings erfolgen keine objektübergreifenden Prüfungen, mit denen der Zustand des kompletten Systems untersucht wird.

Das Finden und Einsetzen geeigneter Klasseninvarianten, Vor- und Nachbedingungen ist nicht trivial. Auf der einen Seite ist die Formulierung für komplexe Klassen und Funktionen oft schwierig. Wie soll beispielsweise die Nachbedingung für die Elementfunktion `ermittleGesamtkurswert`, die die einzelnen Kurswerte der in den Posten gespeicherten Wertpapiere eines Depots summiert, in C++ formuliert werden?

```
DM Depot::ermittleGesamtkurswert() const {
  DM sum = 0;
  for(list<Posten*>::const_iterator p(posten.begin());
      p!=posten.end(); ++p)
    sum += (*p)->ermittleKurswert();
  // promise("sum ist die Summe der Kurswerte!?");
  return sum;
}
```

Und auf der anderen Seite erscheint die Angabe für sehr einfache Funktionen als übertrieben. Welche Nachbedingung soll z. B. für die Elementfunktion `istLeer`, die Auskunft darüber gibt, ob in einem Depot Wertpapiere gespeichert sind, angegeben werden?

```
bool Depot::istLeer() const {
  // promise("Funktionswert gibt an,
  //          ob das Depot leer ist!?");
  return posten.empty();
}
```

Trotzdem können Zusicherungen bei der Dokumentation und Fehlersuche gute Dienste leisten. Für die Elementfunktion `ermittleGesamtkurswert` der Klasse `Depot` bietet sich eine Nachbedingung in verbaler Form an: *„Das Ergebnis ist die Summe der Kurswerte der Wertpapiere des Depots.“* Auch wenn sich der Text nicht zur Überprüfung in einer Nachbedingung eignet, so kann er doch in der Klassendefinition als Kommentar zur Funktion erscheinen und damit zur Dokumentation beitragen.

Ein Beispiel für prüfbare Vor- und Nachbedingungen enthält die `public` Elementfunktion `verkaufen` der Klasse `Depot`. Die Vorbedingung stellt sicher, daß sich der Index `i` im gültigen Bereich befindet und daß die Stückzahl `s` positiv und höchstens so groß wie die gespeicherte Stückzahl des Wertpapiers ist. Die Nachbedingung prüft, ob tatsächlich `s` Stück des `i`-ten Wertpapiers eines Depots verkauft wurden, wozu der alte Wert benötigt wird. Beim Verkauf sämtlicher Wertpapiere eines Postens, wird der Posten aufgelöst, so daß sich die Anzahl der Posten des Depots um eins reduziert.

Die im Listing hervorgehobenen Zeilen enthalten den zu den Zusicherungen gehörenden Programmcode. In der Klassendefinition stehen die im Design erfaßten Angaben als Kommentare zur Dokumentation, und im Funktionsrumpf befindet sich die vom Codegenerator zu erzeugende Umsetzung zur Prüfung.

```
class Depot {
public:
  void verkaufen(Index i, Stueck s);
    // require: i >= 0 && i < anzahlPosten()
    //          && s > 0 && s <= gibStueck(i)
    // promise: OLD(gibStueck(i)) == s
    //          && anzahlPosten() == OLD(anzahlPosten()) - 1
    //          || gibStueck(i) == OLD(gibStueck(i)) - s
  int anzahlPosten() const;
```

```
    Stueck gibStueck(Index i) const;
      // require: i >= 0 && i < anzahlPosten()
    // ...
  private:
    Posten* gibPosten(Index i);
      // require: i >= 0 && i < anzahlPosten()
      // promise: result != 0
    void verkaufen(Posten* p, Stueck s);
      // require: p != 0 && s > 0 && s <= p->gibStueck()
      // promise: OLD(p->gibStueck()) == s
      //          && anzahlPosten() == OLD(anzahlPosten()) - 1
      //          || p->gibStueck() == OLD(p->gibStueck()) - s
  };

  void Depot::verkaufen(Index i, Stueck s) {
    require(i >= 0 && i < anzahlPosten()
         && s > 0 && s <= gibStueck(i));
    const int old_anzahlPosten(anzahlPosten());
    const Stueck old_gibStueck_i(gibStueck(i));
    verkaufen(gibPosten(i), s);
    promise(old_gibStueck_i == s
         && anzahlPosten() == old_anzahlPosten - 1
         || gibStueck(i) == old_gibStueck_i - s);
  }
```

Es läßt sich das Fazit ziehen, daß die Angabe von Klasseninvarianten, Vor- und Nachbedingungen vom Tool zwar unterstützt, aber nicht erzwungen werden soll. Dem Benutzer ist die Möglichkeit einzuräumen, Zusicherungen im Design anzugeben, die vom Codegenerator in den erzeugten Programmcode aufgenommen werden.

10.3 Checksummenberechnung als Klasseninvariante

Eine weitere interessante Möglichkeit, insbesondere für das Debugging, bietet die von Barbu (1995) vorgeschlagene Berechnung einer Checksumme an der Speicheradresse `this`. Dabei wird mit `sizeof(*this)` ermittelt, wie viele Bytes zu berücksichtigen sind. Am Ende aller nicht `const` Elementfunktionen, die Datenelemente modifizieren, wird die Checksumme neu berechnet, und zu Beginn aller Elementfunktionen wird sie geprüft.

Im Gegensatz zu Klasseninvarianten, die individuell für Klassen zu formulieren sind, ist dies ein universell einsetzbarer Ansatz, der sich unabhängig von der Programmlogik anwenden läßt. Allerdings werden damit lediglich Speicherfehler entdeckt, wie z. B. das Überschreiben des von einem Objekt belegten Speicherplatzes oder Zugriffe auf bereits gelöschte Objekte.

Bei der Implementation sind einige praktische Schwierigkeiten zu lösen. Für polymorphe Klassen muß der *„virtual table pointer"* berücksichtigt werden, und die Checksumme selbst darf nicht in die Berechnung eingehen. Bei abgeleiteten Klassen muß die Checksumme auch für die Basisklassenteilobjekte stimmen. Bei Klassen mit virtuellen Basisklassen ist der Zeiger auf die Basisklasse zu beachten. Insgesamt wird eine Implementation dadurch sehr systemspezifisch und ist damit nur eingeschränkt portabel.

Bei diesem Ansatz dürfen Datenelemente nicht unter Umgehung von Elementfunktionen geändert werden, weil sonst die Checksumme nicht korrekt berechnet wird. Daher sollten keine `public` Datenelemente benutzt werden, und `friend`-Funktionen und -Klassen sind in das Konzept einzubinden.

10.4 Zusammenfassung

Das Tool soll dem Benutzer die Möglichkeit eröffnen, Zusicherungen in Form von Klasseninvarianten, Vor- und Nachbedingungen anzugeben. Der Codegenerator soll Zusicherungen in den erzeugten Programmcode einsetzen, um damit das Testen und Debugging zu unterstützen. Die bei der Implementation benutzten Bezeichner `invariant`, `old`, `promise`, `require` und `result` werden in den Rang von Schlüsselwörtern erhoben und sollen nicht mehr für andere Zwecke, wie z. B. zum Benennen von Variablen, verwendet werden.

11 Allgemeine Anforderungen an C++-Codegeneratoren

Neben den bisher vorgestellten Aspekten, die bei der Codegenerierung zu berücksichtigen sind, gibt es allgemeine Anforderungen an C++-Codegeneratoren, die in diesem Kapitel formuliert werden.

11.1 Header-Dateien

Die zum erfolgreichen Übersetzen einer Programmdatei notwendigen Header-Dateien sind mittels `#include` einzubinden. Dazu muß dem Codegenerator bekannt sein, welche Header-Dateien zu berücksichtigen sind. Für Bibliotheksklassen zur Umsetzung von Beziehungen, wie beispielsweise Listen und Felder, sind deshalb die zugehörigen Namen der Header-Dateien zu verwalten. Zu benutzerdefinierten Klassen des Problembereichs werden die Dateien, in denen sie abgelegt werden, ohnehin erfaßt (vgl. Abschnitt 4.9). Die zur Implementation der Funktionsrümpfe erforderlichen Header-Dateien sollten bezogen auf die Datei, in der die Funktionsdefinition erfolgt, in einer Liste gesammelt werden, die der Benutzer pflegt.

Zur Reduzierung der Übersetzungszeiten von Programmen sollten die Abhängigkeiten zwischen Header-Dateien minimiert werden, indem – sofern möglich – das Einbinden von Header-Dateien durch Namensdeklarationen der in ihnen definierten Klassen ersetzt wird (vgl. z. B. Keffer 1995 und Papurt 1995).

```
class Bankkunde;  // besser als #include "bkunde.h"

class Depot {
  // ...
  const Bankkunde& bk;
};
```

Diese Technik ist jedoch nur einsetzbar, wenn die Namensdeklaration ausreicht. Um dies zu gewährleisten, dürfen als (nicht `static`) Datenelemente nur Zeiger und Referenzen verwendet werden. Es können keine `inline`-Funktionen definiert werden, die auf Elemente der benutzten Klasse zugreifen, und es können ohne die Klassendefinition keine Klassen abgeleitet werden. Außerdem sind parametrisierte Klassen und Funktionen nur instanzierbar, wenn auch sie ohne die Klassendefinition auskommen.

Sämtliche `#include`-Anweisungen werden vom Codegenerator in einem Block zu Beginn einer Programmdatei eingesetzt (vgl. Plum und Saks 1991).

11.2 Reihenfolge der Klassenelemente

Die Reihenfolge, in der die Elemente einer Klasse angeordnet werden, ist festzulegen. Damit Klassendefinitionen möglichst einheitlich gestaltet werden, soll das Tool zum Sortieren Kategorien benutzen. Die einzelnen Klassenelemente gehören jeweils zu genau einer Kategorie. Innerhalb einer Kategorie kann alphabetisch sortiert werden. Eine zweite Möglichkeit besteht in der Festlegung der Reihenfolge durch den Benutzer, z. B. indem die Elemente in der Reihenfolge generiert werden, in der sie im Klassensymbol angeordnet sind. Dazu muß der Benutzer in die Lage versetzt werden, die Einträge ordnen zu können.

11.3 Layout des generierten Programmcodes

Entscheidend für die Akzeptanz generierten Programmcodes ist dessen Layout, d. h. der Einsatz von „White-space" – wie beispielsweise Leerzeichen und Zeilenumbrüche – zur Formatierung des Programmtextes. Damit kann u. a. gesteuert werden, wie Zeilen eingerückt und wo Klammern positioniert werden. Um in bezug auf Textverarbeitungen und Drucker eine bessere Portabilität zu gewährleisten, verwendet der Codegenerator zum Formatieren Leerzeichen statt Tabulatoren.

Da Programmierer im Laufe der Zeit in der Regel einen eigenen Stil entwikkeln, sollte ein Codegenerator an diese Stile angepaßt werden können. Der Codegenerator bietet dazu geeignete Einstellungsmöglichkeiten an. Gängige Stile wie die von Stroustrup (1993), Lippman (1993) oder Schader und Kuhlins (1995) sollen vorkonfiguriert und auswählbar sein.

11.4 Kommentare

Der Codegenerator kann dazu benutzt werden, immer wiederkehrende Kommentare in den Programmcode aufzunehmen. Dazu zählen z. B. Angaben über Dateinamen, Dateiinhalt bzw. Zweck, Autor, Copyright, Erstellungsdatum, Version u. ä., die den Kopf einer Datei bilden (vgl. Ellemtel 1992 und Oualline 1995).

Des weiteren können Modellinformationen, wie z. B. Beziehungstypen und Kardinalitäten, die nicht eindeutig in der Programmiersprache ausdrückbar sind, als Kommentare in den generierten Programmcode aufgenommen werden. Dies ist vor allem mit Blick auf das „Reverse-Engineering" von Bedeutung (siehe Abschnitt 13.1).

```
class Depot {
  // ...
  list<Posten*> posten;  // Aggregation 0,n
};
```

Weil Kommentare mitunter störend wirken, soll für den Benutzer die Möglichkeit bestehen, einzelne Kommentare bzw. alle zu unterbinden.

11.5 Nachvollziehen des Programmablaufs

Zum Nachvollziehen des Programmablaufs in der Testphase könnte das Tool Programmcode generieren, der Ausgabeanweisungen auf den Bildschirm oder in Protokolldateien veranlaßt (vgl. Keller 1995). Dazu ist eine Klasse `Tracer` geeignet, deren Konstruktor als Parameter einen Funktionsnamen erwartet und ausgibt (ARM §3.5). In jeder Funktion wird als erste Anweisung ein Objekt der Klasse `Tracer` erzeugt, das den Namen der Funktion ausgibt. Bei Beenden der Funktion wird automatisch der Destruktor der Klasse `Tracer` aufgerufen, der das Ende der Funktion kennzeichnet.

```
class Tracer {
public:
  Tracer(const char* fname);
  ~Tracer();
  // ...
};

void test() {
  Tracer tracer("test");
  // ...
} // Aufruf des Destruktors der Klasse Tracer
```

Wird von dieser Programmiertechnik Gebrauch gemacht, werden die Bezeichner `Tracer` und `tracer` wie Schlüsselwörter behandelt, d. h. sie sollten nicht mehr für andere Zwecke eingesetzt werden.

11.6 Compilereinschränkungen

Der vom Codegenerator erzeugte Programmcode soll syntaktisch korrekt sein, wobei der C++-Sprachstandard zugrunde liegt. Solange verfügbare C++-Compiler den aktuellen Sprachstandard noch nicht in vollem Umfang beherrschen, wäre es aus praktischen Gesichtspunkten zwar wünschenswert, wenn der Codegenerator an spezielle Compiler angepaßten Programmcode erzeugt, wo dies aber nur mit erheblichem Aufwand zu bewerkstelligen ist, soll darauf verzichtet werden; denn es ist zu erwarten, daß in nachfolgenden Compilerversionen solche Mängel behoben werden.

11.7 Makefile

Zum Erstellen eines ausführbaren Programms müssen die einzelnen C++-Programmdateien zunächst vom C++-Compiler übersetzt werden. Die resultierenden Objektcodedateien werden anschließend zusammen mit den erforderlichen Bibliotheken vom Linker gebunden. Dieser Vorgang kann durch ein `Makefile` gesteuert werden. Das `Makefile` sollte weitestgehend automatisch vom Tool erstellt werden, wobei erschwerend wirkt, daß es keinen Standard dafür gibt.

Das `Makefile` des Depotbeispiels sollte für den Borland C++-Compiler Version 4.5 mit `make` Version 3.7 unter MS-DOS 6.2 in der folgenden Form vom Tool erzeugt werden:

```
.autodepend
CPPFLAGS=-ml -IN:\STL -DHPSTL;__MINMAX_DEFINED

depot.exe : adresse.obj aktie.obj bank.obj bkunde.obj \
            datum.obj depot.obj festlich.obj main.obj \
            tracer.obj wertpapr.obj
        $(CC) $(CPPFLAGS) -e$& @depot.rsp
```

Dabei stehen die Namen der Objektdateien (`*.obj`) in der Datei `depot.rsp`. Sie können nicht direkt in die Befehlszeile eingesetzt werden, weil diese dann länger als 128 Zeichen wäre, was unter MS-DOS nicht zulässig ist.

12 Prototyp des MAOOAM*Tools

Die Implementation des MAOOAM**Tools* erfolgt mit der Programmiersprache C++. Die grafische Benutzungsoberfläche wird mit dem Anwendungsrahmen *XVT-Power++* (XVT Software 1994) realisiert. Zur Speicherung der Daten im MAOOAM**Repository* wird die objektorientierte Datenbank *ObjectStore* (Object Design 1995) eingesetzt. Zur Zeit ist der Prototyp unter *Solaris* lauffähig. Eine Portierung auf *Windows* ist geplant (vgl. Rundshagen 1996).

Die praktische Realisierung der hier erarbeiteten theoretischen Konzepte erfolgte in mehreren Diplom- und Studienarbeiten, die im Zusammenhang mit dieser Arbeit am Lehrstuhl für Wirtschaftsinformatik III der Universität Mannheim entstanden. Das Ergebnis der Arbeiten ist eine prototypische Implementation im Rahmen des MAOOAM**Tools*. Bisher wurde das MAOOAM**Repository* um Designdaten erweitert. Die Dialogfenster für die Designdaten wurden entworfen (Seiffart 1995) und mit XVT programmiert (Pistor 1996). Eine erste Implementation der grafischen Designnotation (Müller 1995) stimmt mit der in dieser Arbeit vorgeschlagenen Notation (siehe Kapitel 9) nicht mehr überein und wird überarbeitet. Der C++-Codegenerator wertet als eigenständiges Programm das MAOOAM**Repository* aus und erzeugt daraus C++-Programmcode (Flory 1995). Die genannten Bausteine sind noch aufeinander abzustimmen und in das MAOOAM**Tool* zu integrieren.

12.1 Einbindung der Designsicht in die Benutzerschnittstelle des MAOOAM*Tools

Das statische OOA-Modell des Problembereichs wird im Hauptfenster des MAOOAM**Tools* angezeigt. Für das Analysemodell des Depotbeispiels (vgl. Abbildung 2.1) bietet sich dem Betrachter das in Abbildung 12.1 dargestellte Bild.

Das zur Implementation der grafischen Benutzungsoberfläche eingesetzte XVT-Power++ bietet einen Mechanismus an, der *Automatic Data Propagation* (ADP) genannt wird. Dabei werden Änderungen an Daten automatisch verschiedenen Sichten auf diese Daten mitgeteilt (XVT Software 1994). Dies ist eine Variante des sogenannten *Observer-Patterns* (Gamma et al. 1995). Danach wäre die Designsicht als eigenständiges Fenster zu realisieren, das zusätzlich zur Analysesicht angezeigt werden kann. Im Prototyp wird dagegen vorerst einfach zwischen der Analyse- und Designsicht umgeschaltet, so daß jeweils nur eine der beiden Sichten im Hauptfenster aktiv ist. Die Designsicht des Depotbeispiels gestaltet sich im MAOOAM**Tool* wie in Abbildung 12.2 dargestellt. Da die Entwicklung z. Z. noch nicht abgeschlos-

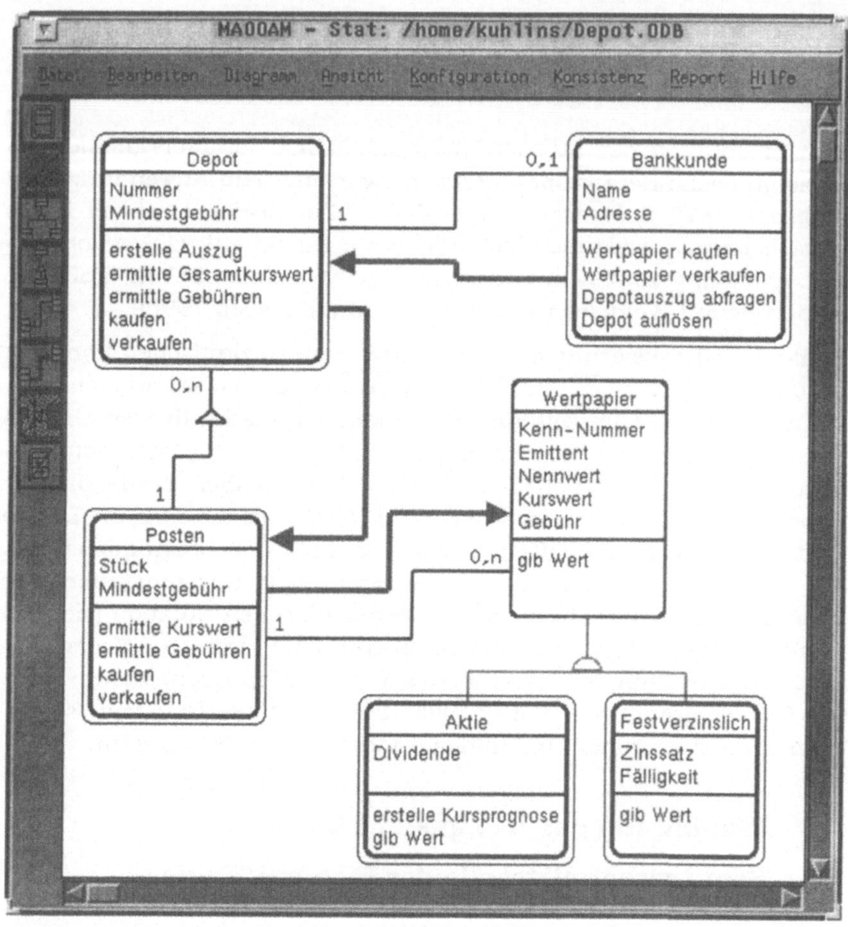

Abbildung 12.1: Die Analysesicht auf das Depotbeispiel im MAOOAM*Tool

sen ist, fehlen noch einige Symbole gegenüber der angestrebten Darstellung (vgl. Abbildung 9.13).

Die Designsicht ist eine Obermenge der Analysesicht, d. h. wenn alle Designinformationen ausgeblendet werden, ist das Ergebnis die Analysesicht. Alle für das statische Analysemodell ausführbaren Aktionen sind auch im Design anwendbar. Der Übergang von der Analyse zum Design kann somit vollzogen werden, indem zusätzlich zu den Analyse- auch die Designdaten angezeigt und bearbeitet werden. Umgekehrt genügt das Ausblenden aller Designdaten für den Übergang zur Analyse. Die ausführbaren Aktionen sind dabei entsprechend zu erweitern bzw. einzuschränken.

Die Klassensymbole passen sich in ihrer Größe der enthaltenen Information an, damit die Darstellung optisch ansprechend ist. Da in der Designsicht mehr Informationen dargestellt werden als in der Analysesicht, beanspru-

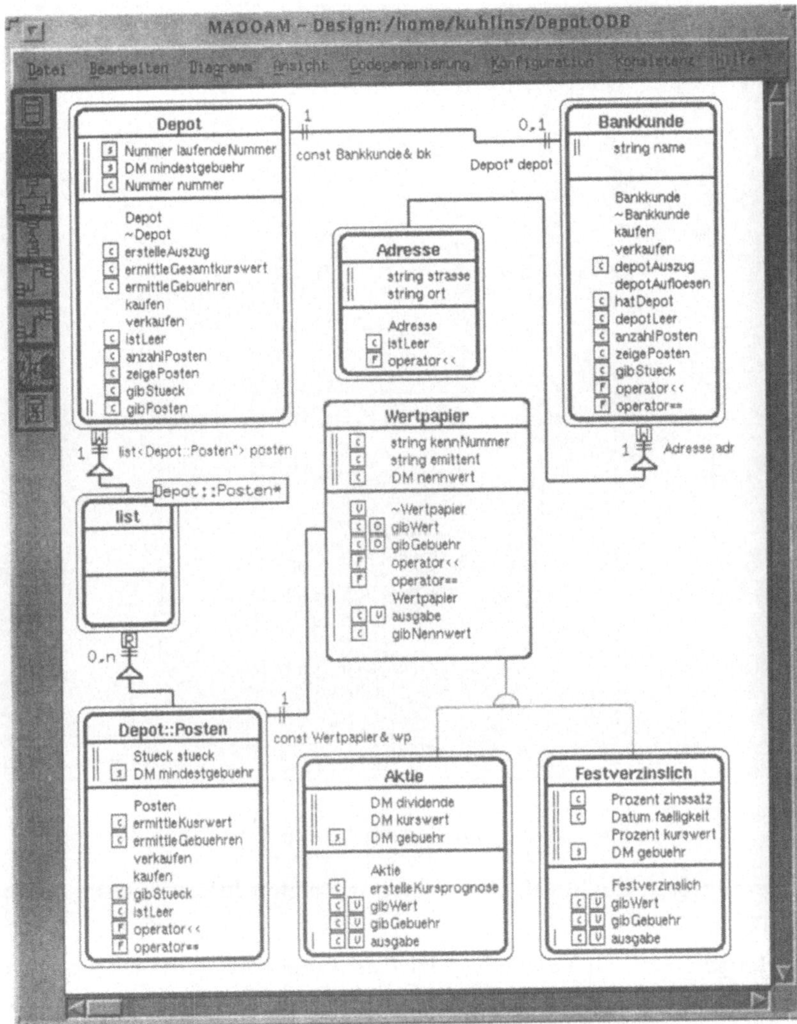

Abbildung 12.2: Die Designsicht auf das Depotbeispiel im MAOOAM*Tool

chen die Klassensymbole entsprechend mehr Raum. Es stellt sich deshalb das Problem der Koordinierung der beiden Sichten.

Eine einfache Lösung geht von den größeren Designsymbolen aus und reserviert für die Analysesym ole genausoviel Raum. Wenn die dadurch verursachte Verschlechterung der Optik der Analysediagramme nicht tragbar ist, kann zu einer aufwendigeren Lösung gegriffen werden, bei der die Symbole für die Analyse verkleinert und die Verbindungslinien entsprechend angepaßt werden. Am besten wäre ein Algorithmus, der die Symbole optimal, d. h. überschneidungsfrei und auf engstem Raum, anordnet. Dies entspricht in etwa den Algorithmen zum Gestalten des Layouts von Platinen. Ähnliche

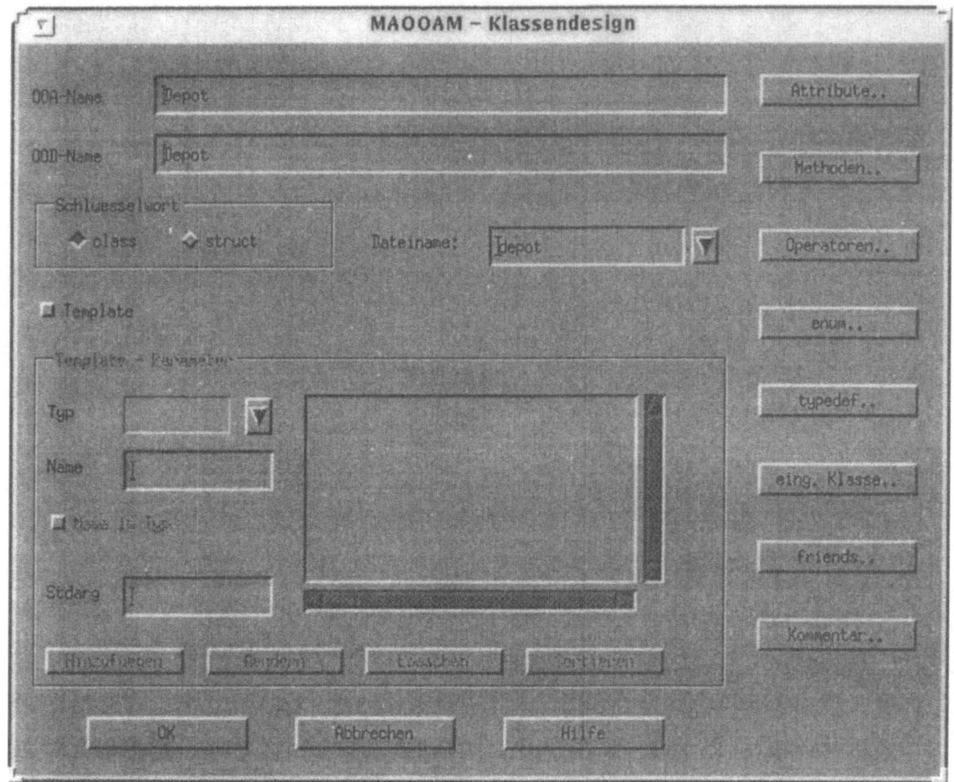

Abbildung 12.3: Dialogfenster für das Design von Klassen

Probleme treten auch auf, wenn die angezeigten Informationen gefiltert werden (vgl. Abschnitt 9.10).

Eine Möglichkeit zur Erfassung der Designinformationen ist die Erweiterung der Dialogfenster für die Analyse um entsprechende Eingabemöglichkeiten für die Designdaten, denn die Designinformationen bilden eine Obermenge zu den Analyseinformationen. Dies hat den Nachteil, daß die Fenster u. U. überladen werden. Eine zweite Möglichkeit ist die Aufnahme eines Design-Buttons in die Analysedialogfenster. Über den Design-Button werden Dialogfenster für die Designdaten geöffnet. Zusätzlich sollten die Designfenster direkt erreichbar sein, indem in der Designsicht auf einem Symbol ein Doppelklick ausgeführt wird.

Die Abbildungen 12.3 bis 12.5 zeigen drei von den ca. 20 Dialogfenstern der Designsicht. In Abbildung 12.3 ist die Klasse `Depot` des Depotbeispiels dargestellt. Die Abbildung 12.4 enthält die Daten der Elementfunktion `ermittleGesamtkurswert` der Klasse `Depot`. Unten im Dialogfenster steht die Vorschau auf den generierten Programmcode. Das Datenelement `mindestgebuehr` wird in Abbildung 12.5 bearbeitet.

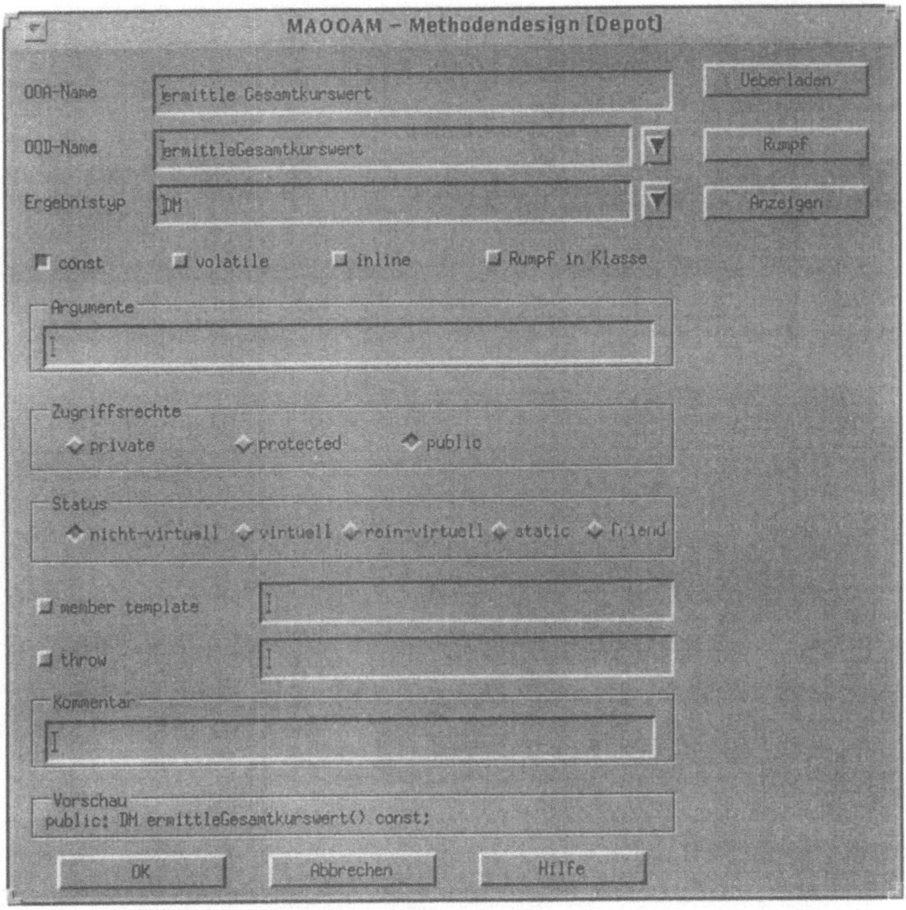

Abbildung 12.4: Dialogfenster für das Design von Methoden

Die Bearbeitung von in der grafischen Designnotation dargestellten Objekten soll generell dadurch erfolgen, daß sie mit der Maus markiert werden und anschließend über Tastatur oder Menüs auf ihnen operiert wird. Ein Doppelklick auf Klassen, Attribute, Methoden oder Beziehungen öffnet das zugehörige Dialogfenster. Wird durch ein Symbol das Vorhandensein einer Eigenschaft angezeigt, kann mittels Doppelklick bzw. mit der Löschtaste das Symbol entfernt werden. Das Aktivieren einer Eigenschaft für ein Objekt erfolgt am schnellsten mittels Kontextmenü, nachdem das Objekt markiert wurde.

Kontextmenüs sollen mit der rechten Maustaste aufgerufen werden. Die enthaltenen Menüpunkte hängen von dem aktuell markierten Objekt ab. Die Abbildung 12.6 enthält das Kontextmenü für Attribute. Das Attribut ist als `private` und `const` deklariert. Die Programmlogik muß dafür sorgen, daß

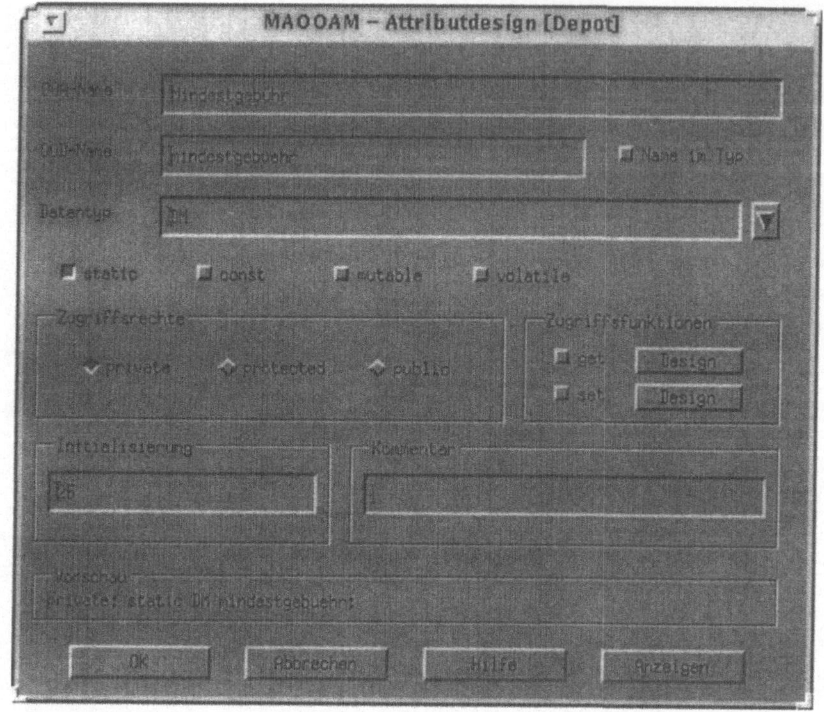

Abbildung 12.5: Dialogfenster für das Design von Attributen

keine ungültigen Kombinationen, wie beispielsweise `const` und `mutable`, auswählbar sind.

Eine weitere Möglichkeit zum Angeben von Eigenschaften, die mittels Symbol dargestellt werden, besteht in einer Symbolleiste, aus der Benutzer jeweils ein Symbol mit der Maus auswählen und anschließend auf dem gewünschten Objekt „fallenlassen“. Bei der Realisierung als einer Art *Drag and Drop* kann nur ein Objekt mit der ausgewählten Eigenschaft versehen werden. Wird statt dessen in einen Modus geschaltet, was durch Verändern des

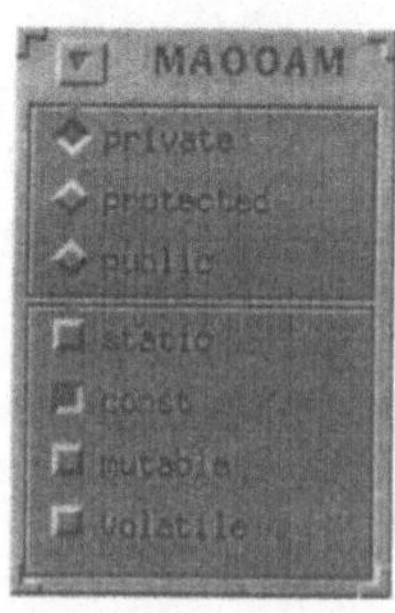

Abbildung 12.6: Kontextmenü für Attribute

Mauscursors angezeigt wird, können in einem Arbeitsgang mehrere Objekte die gewählte Eigenschaft erhalten. Der Modus kann durch Drücken einer Taste (z. B. Esc), Auswählen eines anderen Symbols oder Klicken auf den Hintergrund beendet werden.

Das Ausführen von Aktionen mit Hilfe der Maus bzw. Hotkeys wird in der Regel von erfahrenen Benutzern geschätzt, weil es relativ schnell vonstatten geht. Einsteiger bevorzugen dagegen die Führung durch ausführliche Menüs, die in der Anwendung zwar etwas umständlicher sind, dafür aber weniger Wissen bezüglich der Bedienung erfordern. Damit Bedienfehler keine Auswirkungen haben, sollten Aktionen rückgängig gemacht (*Undo*) und wiederholt (*Redo*) werden können.

12.2 Codegenerierung

Der C++-Codegenerator ist noch nicht in das MAOOAM*Tool* integriert und wertet derzeit als eigenständiges Programm das MAOOAM*Repository* aus (vgl. Flory 1995). Es ist geplant, im Hauptmenü des MAOOAM*Tools* einen Menüpunkt für die Codegenerierung aufzunehmen. Die Codegenerierung kann erst sinnvoll eingesetzt werden, nachdem die erforderlichen Analyse- und Designdaten erfaßt wurden. Um einen ersten Eindruck vom Potential des Codegenerators zu vermitteln, sind im folgenden die komplette Header-Datei und ein Ausschnitt aus der Implementationsdatei der Klasse `Wertpapier` des Depotbeispiels aufgeführt. Beide Dateien wurden vom Codegenerator erzeugt.

```
#ifndef WERTPAPR_H
#define WERTPAPR_H
// Datei wertpapr.h
// MAOOAM*Codegenerator

#include "global.h"
#include <bstring.h>
class ostream;

class Wertpapier {
public:
  virtual ~Wertpapier();
  virtual DM gibWert() const = 0;
  virtual DM gibGebuehr() const = 0;
  friend ostream& operator<<(ostream&, const Wertpapier&);
  friend bool operator==(const Wertpapier&,
    const Wertpapier&);
protected:
  Wertpapier(const string& kn, const string& e, DM nw);
  virtual void ausgabe(ostream&) const;
  DM gibNennWert() const;
private:
  Wertpapier(const Wertpapier&);
  Wertpapier& operator=(const Wertpapier&);
```

```
  const string kennNummer;
  const string emittent;
  const DM nennwert;
};

#endif

// Datei wertpapr.cpp
// Erstellungsdatum: 13.05.96
// MAOOAM*Codegenerator

#include <iostream.h>
#include "tracer.h"
#include "wertpapr.h"

Wertpapier::~Wertpapier() {
  TRACER("Wertpapier::~Wertpapier");
}

ostream& operator<<(ostream& os, const Wertpapier& w) {
  TRACER("operator<<(ostream, Wertpapier)");
  w.ausgabe(os);
  return os;
}

bool operator==(const Wertpapier& x, const Wertpapier& y) {
  TRACER("operator==(Wertpapier, Wertpapier)");
  return &x == &y;  // Identitaet
}

Wertpapier::Wertpapier(const string& kn,
    const string& e, DM nw)
  : kennNummer(kn), emittent(e), nennwert(nw) {
  TRACER("Wertpapier::Wertpapier");
  require(kn != "" && e != "" && nw > 0);
}

void Wertpapier::ausgabe(ostream& os) const {
  TRACER("Wertpapier::ausgabe");
  os << "WKN " << kennNummer << " "
     << emittent << " "
     << nennwert << " DM ";
}

DM Wertpapier::gibNennwert() const {
  TRACER("Wertpapier::gibNennwert");
  return nennwert;
}
```

Die Funktionsrümpfe werden im Design erfaßt, im MAOOAM*Repository gespeichert und vom Generator in den erzeugten Programmcode eingesetzt. Bei der Erfassung soll der Codegenerator helfen, indem für Standardfunktionen, wie Konstruktoren, Destruktor, Operatoren, Zugriffsfunktionen usw., ein Rumpf generiert wird, der vom Benutzer lediglich anzupassen ist (vgl. Kapitel 6).

13 Geplante Erweiterungen

"Even if the CASE tool does generate code, there is a danger of anarchy and chaos." (Yourdon et al. 1995). Diese Aussage bezieht sich darauf, daß Änderungen direkt am generierten Programmcode vorgenommen werden können, ohne das Analyse- bzw. Designmodell entsprechend zu modifizieren. *"Thus, the real key is that the code should be integrated with the CASE tool."* (Yourdon et al. 1995). Das MAOOAM*Tool speichert deshalb die Funktionsrümpfe der Elementfunktionen im Repository und bietet flexible Bearbeitungsmöglichkeiten für den Benutzer. Der Codegenerator soll den kompletten Programmcode erzeugen und nachträgliche Änderungen am generierten Programmcode überflüssig machen. Sollten dennoch solche Änderungen notwendig sein, so deutet dies auf eine Schwachstelle in der Umsetzung des Konzepts hin, die zu beheben ist. Damit sind aber nicht Änderungen gemeint, die beispielsweise an den Funktionsrümpfen erforderlich werden, wenn ein Attribut umbenannt wird. Für solche Änderungen ist einfaches „Suchen-und-Ersetzen“ i. a. nicht ausreichend, da auch lokale Objekte den Namen tragen könnten.

Zum Übersetzen muß der generierte Programmcode compilergerecht abgelegt werden. Dadurch sind Änderungen am generierten Programmcode möglich, die aber zu Problemen bei der Sicherung der Konsistenz von Modell und Programmcode führen. Die parallele Pflege von Modell und Programmcode durch Entwickler ist abzulehnen, weil sie zu aufwendig und fehleranfällig ist. Etwas besser ist die Markierung von Teilen des Programmcodes, innerhalb derer geändert werden darf, durch Einklammern mit speziellen Kommentaren, die den Beginn und das Ende solcher Codestücke kennzeichnen. Bei einer nachfolgenden Codegenerierung bleiben die so markierten Codefragmente an ihrer relativen Position im Programmcode erhalten. Der restliche Programmcode wird vom Codegenerator jedesmal neu erzeugt, so daß Änderungen dort nur über entsprechende Änderungen am Modell zu erzielen sind. Mit dieser Technik arbeitet z. B. das CASE-Tool *Rational Rose* (Rational Software Corporation 1995).

Ideal wäre ein Abgleich des Modells mit dem Programmcode in beiden Richtungen, also nicht nur über die Codegenerierung vom Modell zum Programmcode, sondern auch umgekehrt vom Programmcode zum Modell. Die zweite Richtung läßt sich mit „Reverse-Engineering“-Methoden realisieren.

13.1 „Reverse-Engineering"

Mit Methoden des „Reverse-Engineerings" ist das Gewinnen vieler Design- und damit auch Analyseinformationen aus bestehendem Programmcode möglich. Es gibt allerdings Fälle, in denen dies ohne Zusatzinformationen nicht zu bewerkstelligen ist (vgl. Horstmann 1995b). Zum Beispiel ist nicht klar, welche Beziehung mit welchen Kardinalitäten mit einem Datenelement der Art `list<Posten*> posten;` ausgedrückt wird. Sofern der Programmcode generiert wurde, können allerdings entsprechende Zusatzinformationen mittels spezieller Kommentare bereitgestellt werden (siehe Abschnitt 11.4).

Ein CASE-Tool, das sich vor allem auf seine Leistungen im Bereich „Reverse-Engineering" stützt, ist *Together/C++* (Object International 1995). Dort bildet der Programmcode (inklusive spezieller Kommentare) das Repository, d. h. alle Modellinformationen werden direkt im Programmcode abgelegt.

Im Rahmen des Projekts MAOOAM wurde ein Prototyp zum „Reverse-Engineering" von C++-Programmen entwickelt (Gröschel 1995 und Graß 1996). Das Programm benutzt das *Purdue Compiler Construction Tool Set* (PCCTS, Parr 1995) und baut ein MAOOAM**Repository* zu vorgegebenem C++-Programmcode auf. Der Prototyp ist erst ein kleiner Schritt auf dem Weg zu einer entsprechenden Komponente für das MAOOAM**Tool*. Mit ihm kann aber schon jetzt ein einfaches Analysemodell, in dem die Klassen mit ihren Attributen und Methoden enthalten sind, erstellt werden. Das Ergebnis des „Reverse-Engineerings" für das Depotbeispiel zeigt Abbildung 13.1.

Außer den in Abbildung 13.1 dargestellten Informationen – Klassen, Attribute und Methoden, inklusive Operatoren – werden auch Beziehungen, Datentypen der Attribute, Rückgabetypen und Parametertypen der Methoden erkannt. Die Übernahme dieser Daten in den Designteil des Repositorys steht aber noch aus. Die Klassensymbole werden äquidistant plaziert – wodurch sie sich teilweise überdecken – und können leicht vom Benutzer verschoben werden. Ein Algorithmus für eine optisch ansprechendere Anordnung ist noch zu entwickeln.

13.2 Wiederverwendung von Klassen

Die Softwarewiederverwendung gilt als einer der wichtigsten Punkte zur Produktivitätssteigerung und Qualitätsverbesserung bei der Softwareentwicklung (vgl. z. B. Matsumoto 1987). Mit Hilfe eines CASE-Tools kann die Softwarewiederverwendung insofern gefördert werden, daß Klassen, von denen anzunehmen ist, daß sie für mehrere Projekte nützlich sind, in eine Klassenbibliothek aufgenommen werden. Ein Beispiel dafür ist die Klasse `Adresse` des Depotbeispiels (siehe Seite 23). Eine Wiederverwendung wird erleichtert, wenn außer dem Programmcode auch die Analyse- und De-

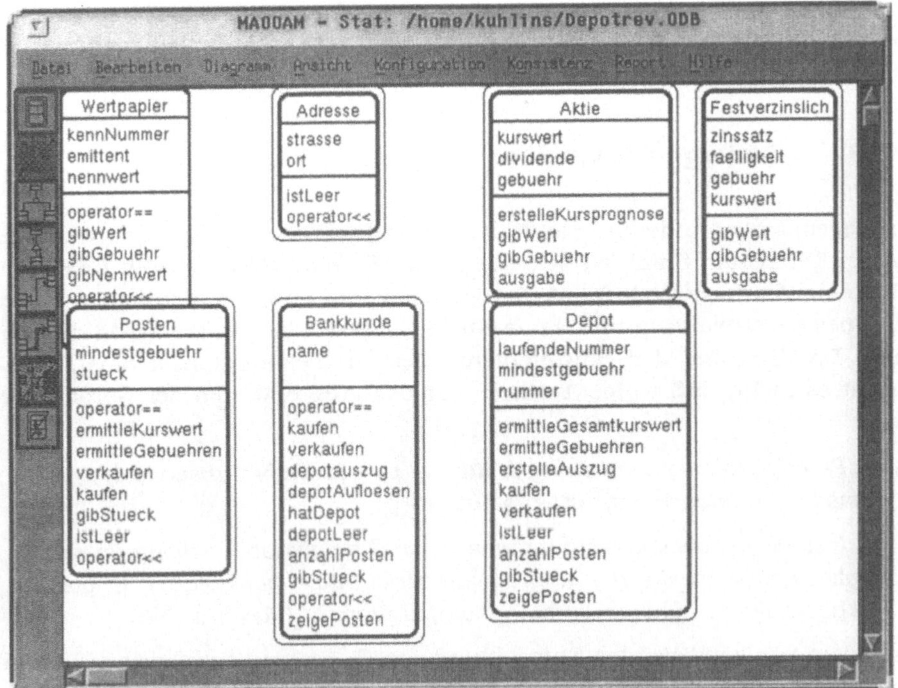

Abbildung 13.1: Ergebnis des „Reverse-Engineerings" des Depotbeispiels

signdaten zur Verfügung stehen. Werden nicht nur fundamentale Klassen, sondern auch komplexe Klassen (wie beispielsweise Kunden oder Wertpapiere) und komplette Subjekte mit mehreren zusammengehörigen Klassen zur Wiederverwendung aufbereitet, entsteht eine Bibliothek im Sinne von „Business-Objects" (vgl. Sims 1994).

Ein Bereich, der bereits gut durch Klassenbibliotheken erschlossen ist, sind Klassen zur Lösung fundamentaler Aufgaben. Hierzu gehören z. B. Klassen für Zeichenketten, komplexe Zahlen und Container wie Listen und Felder. Aufgabe des MAOOAM*Tools ist es hier, diese Klassen im Design dem Benutzer zugänglich zu machen und bei der Codegenerierung einzusetzen. Zunächst soll die STL unterstützt werden, weil sie Bestandteil des C++-Sprachstandards ist (siehe WP §17 ff.). Später können andere Bibliotheken, wie z. B. *Tools.h++* von *Rogue Wave* (Rogue Wave 1996), folgen.

Für parametrisierte Containerklassen müssen die Anforderungen, die an die zu verwaltenden Klassen gestellt werden, bekannt sein und bei der Codegenerierung berücksichtigt werden. Beispielsweise müssen für eine Klasse, deren Objekte mit der Klasse `vector` der STL verwaltet werden sollen, zumindest der Destruktor, Standardkonstruktor, Copy-Konstruktor und Zuweisungsoperator definiert und zugreifbar sein. (Compilergenerierte Versionen können dabei benutzt werden.)

Zur Suche nach geeigneten Klassen in Klassenbibliotheken wäre die Integration eines „Class-Browsers", wie z. B. dem *ReUse Class Browser* (Convent et al. 1993), in das MAOOAM*Tool hilfreich.

13.3 „Garbage-Collection"

Im Gegensatz zu anderen objektorientierten Programmiersprachen wie Eiffel (Meyer 1988) und Smalltalk (Goldberg und Robson 1983) verfügt C++ nicht über eine „Garbage-Collection". Statt dessen sind Programmierer gezwungen, die Speicherverwaltung mittels `new` und `delete` selbst in die Hand zu nehmen. Da dies eine der Hauptfehlerquellen in C++-Programmen ist, überrascht es nicht, daß einige Autoren hier das größte Manko der Sprache sehen.

> *„Perhaps the most annoying feature of C++ (or rather absence of it) is memory management."* (Eliëns 1995)
>
> *„Instead of concentrating on what should be his job – solving an application problem – the programmer turns into a bookkeeper, or garbage collector (whichever metaphor you prefer)."* (Meyer 1988)

Nachdem zunächst bei der Entwicklung von C++ bewußt auf eine automatische „Garbage-Collection" verzichtet wurde, weil erheblicher Speicher- und Zeitbedarf zu befürchten war, findet nun ein Umdenken statt. Mit einer optionalen „Garbage-Collection", die nach Belieben aktivierbar und deaktivierbar ist, kann zukünftig gerechnet werden (Stroustrup 1994b). Bis es soweit ist, müssen vor allem zwei potentielle Fehlerquellen beachtet werden (Schader et al. 1994):

- verlorene Objekte und
- hängende Zeiger.

Ein Objekt, das mit `new` angelegt wurde, ist „verloren", wenn kein Zeiger mehr existiert, der das Objekt referenziert. Ein Zeiger „hängt", wenn das Objekt, das er referenzierte, nicht mehr existiert, z. B. weil es mit `delete` gelöscht wurde.

Bei der Codegenerierung ist es prinzipiell möglich, statt „normaler" Zeiger spezielle Zeigerklassen einzusetzen, mit deren Hilfe eine Art „Garbage-Collection" realisiert werden kann. Als Ausgangspunkt dazu können die von Schader et al. (1994) entwickelten Klassen dienen.

14 Zusammenfassung und Ausblick

Diese Arbeit geht von statischen objektorientierten Analysemodellen des Problembereichs aus. In Kapitel 2 wurden deshalb deren Elemente zusammen mit ihrer grafischen Notation in MAOOAM kurz vorgestellt. Darauf aufbauend wurden in den Kapiteln 3 bis 8 im Rahmen des objektorientierten Designs für C++ die zusätzlich zur Analyse notwendigen Informationen für die Umsetzung in C++-Programmcode erarbeitet. Dabei wurden mögliche Implementationen und Programmiertechniken gezeigt, die als Vorlage zur Codegenerierung dienen.

Die in Kapitel 9 entwickelte grafische Designnotation ergänzt die Analysenotation um C++-spezifische Elemente. Eingesetzt in C++-codegenerierenden CASE-Tools bietet sie gegenüber C++-Programmcode mehr Übersicht und effektivere Bearbeitungsmöglichkeiten, was u. a. eine höhere Produktivität zur Folge hat.

Wie die in Kapitel 12 beschriebene prototypische Implementation im Rahmen des MAOOAM-Projekts zeigt, sind die erarbeiteten theoretischen Konzepte tragfähig. Mit fortschreitender Entwicklung wird das zunächst als Upper-CASE-Tool konzipierte MAOOAM*Tool* zu einem CASE-Tool, das den kompletten Softwareentwicklungszyklus – von der Analyse über das Design bis zur Programmierung – abdeckt.

Es gibt noch viele Möglichkeiten zur Weiterentwicklung. So wurden in Kapitel 13 als geplante Erweiterungen das „Reverse-Engineering" von C++-Programmcode, die Wiederverwendung von Klassen und das Simulieren einer „Garbage-Collection" für C++ angesprochen. Außerdem sind neben der Problembereichskomponente meist auch andere Designkomponenten, wie z. B. die Benutzungsoberfläche, die Datenmanagementkomponente und die Taskmanagementkomponente (vgl. Seite 19), zu entwerfen. In diesen Bereichen kann die Codegenerierung ebenfalls erfolgversprechend eingesetzt werden. Im Gegensatz zur Problembereichskomponente orientieren sich diese Komponenten aber sehr stark an der vorgegebenen Systemumgebung, so daß ein Abstimmen auf spezielle Klassenbibliotheken für Oberflächen, Datenbanken, Betriebssysteme usw. erforderlich wäre.

Syntaxfehler, die beim Übersetzen des generierten Programmcodes entdeckt werden und auf Fehler in den Funktionsrümpfen zurückgehen, sind schwer zu lokalisieren, da in der Regel aus der vom Compiler gemeldeten Zeilennummer nicht direkt die Elementfunktion hervorgeht, in der der Fehler auftritt. Ideal wäre die Integration eines C++-Compilers in das MAOOAM*Tool*, damit die fehlerhaften Programmstellen automatisch aufgesucht und bearbeitet werden können. Zur Bearbeitung der Funktionsrümpfe wird ein Texteditor benötigt. Viele Programmierer werden ihren gewohnten Editor bevorzugen, so daß es möglich sein sollte, diesen einzubinden.

Große Softwareentwicklungsprojekte werden in der Regel von mehreren Entwicklern gleichzeitig bearbeitet. Außerdem sind oft mehrere Versionen eines Projekts zu pflegen. Die dazu notwendige Funktionalität wird zwar grundsätzlich von der für das Repository eingesetzten Datenbank *ObjectStore* (Object Design 1995) angeboten, aber vom MAOOAM**Tool* noch nicht genutzt.

Mit Hilfe der im Repository gespeicherten Daten ist die Generierung einer Programmdokumentation möglich. Das Layout einer solchen Dokumentation könnte z. B. mittels LATEX (Lamport 1985) realisiert werden.

Literaturverzeichnis

Ackroyd, Michael und Dana Daum (1991): Graphical notation for object-oriented design and programming, Journal of Object-Oriented Programming, Vol. 4, No. 1, S. 18–28

Balzert, Helmut (Hrsg.) (1985): Moderne Software-Entwicklungssysteme und -werkzeuge, Bibliographisches Institut, Mannheim u. a.

Barbu, Adrian (1995): A C++ class generator, C/C++ Users Journal, Vol. 13, No. 7, S. 45–54

Boehm, Barry W. (1976): Software Engineering, IEEE Transactions on Computers, Vol. C-25, No. 12, S. 1226–1241

Booch, Grady (1994): Object-Oriented Analysis and Design with Applications (2nd ed.), Benjamin-Cummings, Redwood City, California

Boreham, Bryan (1996): Multiple Inheritance and Virtual Base Classes, OBJECT EXPERT, Vol. 1(3)

Cargill, Tom (1992): C++ Programming Style, Addison-Wesley, Reading, Massachusetts

Carroll, Martin D. und Margaret A. Ellis (1995): Designing and coding reusable C++, Addison-Wesley, Reading, Massachusetts

Cattell, Rick (ed.) (1996): The Object Database Standard: ODMG-93, Release 1.2, Morgan Kaufmann, San Francisco, California

Cline, Marshall P. und Doug Lea (1990a): The behavior of C++ classes, Proceedings of a Symposium on Object-Oriented Programming emphasizing Practical Applications (ACM SOOPPA) Conference, Marist College, Poughkeepsie, New York, September 1990

Cline, Marshall P. und Doug Lea (1990b): Using annotated C++, Proceedings of C++ at work

Cline, Marshall P. und Greg A. Lomow (1995): C++ FAQs – frequently asked questions, Addison-Wesley, Reading, Massachusetts, Reprint with corrections

Coad, Peter und Jill Nicola (1993): Object-Oriented Programming, Yourdon Press, Englewood Cliffs, New Jersey

Coad, Peter, David North und Mark Mayfield (1995): Object Models: Strategies, Patterns, and Applications, Prentice Hall, Englewood Cliffs, New Jersey

Coad, Peter und Edward Yourdon (1991a): Object-Oriented Analysis (2nd ed.), Prentice Hall, Englewood Cliffs, New Jersey

Coad, Peter und Edward Yourdon (1991b): Object-Oriented Design, Prentice Hall, Englewood Cliffs, New Jersey

Coleman, Derek, Patrick Arnold, Stephanie Bodoff, Chris Dollin, Helena Gilchrist, Fiona Hayes und Paul Jeremaes (1994): Object-oriented development: the Fusion method, Prentice Hall, Englewood Cliffs, New Jersey

Convent, Bernhard, Thomas Kohaut und Stefan Kuhlins (1993): Der ReUse Class Browser – Integration deskriptiver und navigierender Suche in objektorientierten Klassenbibliotheken, Workshop Objektorientierte Technologien – Möglichkeiten und Grenzen, Bayerisches Forschungszentrum für Wissensbasierte Systeme, FORWISS REPORT FR-1993-011, S. 14–24

Coplien, James O. (1992): Advanced C++ programming styles and idioms, Addison-Wesley, Reading, Massachusetts, Reprint with corrections

Dixon, Robert L. (1992): Winning with CASE – managing modern software development, McGraw-Hill, Berkeley

Eckel, Bruce (1993): C++ Inside & Out, Osborne McGraw-Hill, Berkeley

Eliëns, Anton (1995): Principles of object-oriented software development, Addison-Wesley, Wokingham, England

Ellemtel (1992): C++ Programming Rules, Rev. C, Ericsson, Schweden

Ellis, Margaret A. und Bjarne Stroustrup (1991): The Annotated C++ Reference Manual, Addison-Wesley, Reading, Massachusetts, Reprint with corrections

Flory, Udo (1995): Automatische C++-Codegenerierung – Prototypische Implementierung im Rahmen des MAOOAM*Tools*, Diplomarbeit, Lehrstuhl für Wirtschaftsinformatik III, Universität Mannheim

Gamma, E., R. Helm, R. Johnson und J. Vlissides (1995): Design Patterns – Elements of Reusable Object-Oriented Software, Addison-Wesley, Reading, Massachusetts

Glass, Graham und Brett L. Schuchert (1996): The STL<Primer>, Prentice Hall, Upper Saddle River, New Jersey

Goldberg, Adele und David Robson (1983): Smalltalk-80, The Language and its Implementation, Addison-Wesley, Reading, Massachusetts

Gorlen, Keith E., Sanford M. Orlow und Perry S. Plexico (1990): Data Abstraction and Object-oriented Programming in C++, John Wiley & Sons, Chichester, England

Graß, Oliver (1996): Prototypische Implementierung eines Reverse Engineering-Tools für C++, Studienarbeit, Lehrstuhl für Wirtschaftsinformatik III, Universität Mannheim

Gröschel, Michael (1995): Reverse Engineering von C++-Quellcode – Integrationsbedingungen und Implementationsmöglichkeiten einer Reverse Engineering Komponente für Softwareentwicklungswerkzeuge am Beispiel des MAOOAM*Tools, Diplomarbeit, Lehrstuhl für Wirtschaftsinformatik III, Universität Mannheim

Henrich, Herrmann, Axel Hantelmann und Reinhold Nürnberger (1995): CASE: Leitlinien für Management und Systementwickler, Vieweg

Horstmann, Cay S. (1995a): Mastering object-oriented design in C++, John Wiley & Sons, New York

Horstmann, Cay S. (1995b): OO design tools with C++ code generation, C++ Report, Vol. 7, No. 1, S. 56–64

Keffer, Thomas (1995): C++ Design, Implementation, and Style Guide, Rogue Wave Software, Inc., Corvallis, Oregon

Keller, Wolfgang (1995): Seliger denn tippen – Generierung von Headern, iX Multiuser-Multitasking-Magazin, Heft 1

Kernighan, Brian W. und Dennis M. Ritchie (1988): The C Programming Language (2nd ed.), Prentice Hall, Englewood Cliffs, New Jersey

Koenig, Andrew (1995): An example of language-sensitive design, Journal of Object-Oriented Programming, Vol. 8, No. 4, Juli–August 1995

Lamport, Leslie (1985): LATEX – A Document Preparation System, Addison-Wesley, Reading, Massachusetts

Lippman, Stan (1993): C++ Primer (2nd ed.), Addison-Wesley, Reading, Massachusetts, Reprint with corrections

Lippman, Stan (1995a): Struck by `struct`, C++ Report, Vol. 7, No. 4

Lippman, Stan (1995b): The final primer, C++-Report, Vol. 7, No. 9, S. 53–54

Matsumoto, Y. (1987): A Software Factory – An overall Approach to Software Production, in: Freeman, P. (ed.), Tutorial on Software Reusability, Washington

McClure, C. (1989): CASE is software automation, Prentice Hall, Englewood Cliffs, New Jersey

Meyer, Bertrand (1988): Object-oriented Software Construction, Prentice Hall, Englewood Cliffs, New Jersey

Meyer, Bertrand und Jean-Marc Nerson (ed.) (1993): Object-oriented applications, Prentice Hall

Meyers, Scott (1991): Effective C++ – 50 Specific Ways to Improve Your Programs and Designs, Addison-Wesley, Reading, Massachusetts

Meyers, Scott (1995a): C++ Oracle, C++ Report, Vol. 7, No. 4, S. 8

Meyers, Scott (1995b): Mastering User-defined Conversion Functions, C/C++ Users Journal, Vol. 13, No. 8, S. 57–63

Meyers, Scott (1995c): Signed and unsigned types in interfaces, C++ Report, Vol. 7, No. 7, September 1995, S. 9–10

Meyers, Scott (1996): More Effective C++ – 35 New Ways to Improve Your Programs and Designs, Addison-Wesley, Reading, Massachusetts

Müller, Rüdiger (1995): Implementierung des graphischen Designmodells für MAOOAM, Studienarbeit, Lehrstuhl für Wirtschaftsinformatik III, Universität Mannheim

Musser, David R. und Atul Saini (1996): STL Tutorial and Reference Guide, Addison-Wesley Professional Computing Series, Reading, Massachusetts

Object Design (1995): ObjectStore, Release 4, Object Design, Inc., Burlington, Massachusetts

Object International (1995): Together/C++, Object International, Austin, Texas

OMG (1995): The Common Object Request Broker: Architecture and Specification, Revision 2.0, Object Management Group, Framingham, Massachusetts

OMG (1996): CORBAservices: Common Object Services Specification, Object Management Group, Framingham, Massachusetts

Oualline, Steve (1995): Practical C++ Programming, O'Reilly & Associates, Sebastopol, California

Papurt, David M. (1995): Inside the object model – the sensible use of C++, SIGS Books, New York

Parr, T. (1995): Language Translation Using PCCTS and C++ (A Reference Guide), Initial Release to Internet for Review and General Bashing, http://www.parr-research.com

Pistor, Oliver (1996): Design graphischer Benutzeroberflächen, Studienarbeit, Lehrstuhl für Wirtschaftsinformatik III, Universität Mannheim

Plum, Thomas und Dan Saks (1991): C++ Programming Guidelines, Plum Hall Inc.

Porat, Sara und Paul Fertig (1995): Class assertions in C++, Journal of Object-Oriented Programming, Vol. 8, No. 2, Mai 1995

Rational Software Corporation (1995): Rational Rose, Santa Clara, California

Rogue Wave (1996): Tools.h++, User's Guide, Version 7, Rogue Wave Software, Corvallis, Oregon

Rumbaugh, James (1996): Models for design: Generating code for associations, Journal of Object-Oriented Programming, Vol. 8, No. 9, Februar 1996

Rumbaugh, James und Grady Booch (1995): Unified Method, Version 0.8, Rational Software Corporation, Santa Clara, California

Rundshagen, Michael (1996): Computergestützte Konsistenzsicherung in der objektorientierten Systemanalyse, Beiträge zur Wirtschaftsinformatik, Band 17, Physica-Verlag, Heidelberg

Schader, Martin (1996): Objektorientierte Datenbanksysteme, Die C++-Anbindung des ODMG-Standards, Vorlesungsskript, Wintersemester 1995/96, Lehrstuhl für Wirtschaftsinformatik III, Universität Mannheim

Schader, Martin und Michael Rundshagen (1996): Objektorientierte Systemanalyse, 2. Aufl., Springer-Verlag, Heidelberg

Schader, Martin und Stefan Kuhlins (1995): Programmieren in C++ - Einführung in den Sprachstandard C++, 3. Aufl., Springer-Verlag, Heidelberg

Schader, Martin, Stefan Kuhlins und Karsten Meinders (1994): Garbage-Collection - Grundlagen und Implementierungen in C++, OBJEKTspektrum, Nr. 4

Seiffart, Gordon (1995): Implementationsspezifisches objektorientiertes Design - Ein Informationsmodell zur Unterstützung der automatischen C++-Codegenerierung, Diplomarbeit, Lehrstuhl für Wirtschaftsinformatik III, Universität Mannheim

Sims, Oliver (1994): Business Objects - Delivering Cooperativ Objects for Client-Server, IBM McGraw-Hill Series, London

Stepanov, Alexander und Meng Lee (1995): The Standard Template Library, Technical Report, Hewlett-Packard Laboratories

Stetter, Franz (1987): Softwaretechnologie, 4. Aufl., BI-Wissenschaftsverlag, Mannheim u. a.

Stroustrup, Bjarne (1994a): The C++ Programming Language (2nd ed.), Addison-Wesley, Reading, Massachusetts, Reprint with corrections

Stroustrup, Bjarne (1994b): The Design and Evolution of C++, Addison-Wesley, Reading, Massachusetts

Taligent (1994): Taligent's Guide to Designing Programs - Well-mannered object-oriented design in C++, Addison-Wesley

WP (1995): Working Paper for Draft Proposed International Standard for Information Systems - Programming Language C++, X3J16/95-0087, WG21/N0687, Stand 28.4.95

XVT Software (1994): XVT-Power++ Version 3.0 - Guide to XVT Development Solution for C++, XVT Software Inc., First printing, Boulder, Colorado

Yourdon, Edward, Katharine Whitehead, Jim Thomann, Karin Oppel und Peter Nevermann (1995): Mainstream Objects: An Analysis and Design Approach for Business, Yourdon Press, Prentice Hall

Index

Anhang

Der Anhang enthält den kompletten C++-Programmcode des Depotbeispiels. Jede der Programmdateien beginnt auf einer neuen Seite. Die Reihenfolge ist so gewählt, daß die von einer Datei benötigten Dateien vorher aufgeführt werden. Zusammengehörige Header- und Implementationsdateien stehen hintereinander.

Um ein lauffähiges Programm zum Testen zu erhalten, wurde als Benutzungsoberfläche ein einfaches, zeichenorientiertes Bankterminal implementiert. Obwohl sich der Text darauf nicht bezieht, wird es der Vollständigkeit halber hier vorgestellt.

Die Implementation benutzt auf der einen Seite die neuesten C++-Spracheigenschaften, soll auf der anderen Seite aber mit möglichst vielen Compilern übersetzbar sein. Der Übersetzungsvorgang wird deshalb für spezielle Compiler mit entsprechenden Präprozessordirektiven gesteuert. Das Programm wurde mit den folgenden C++-Compilern erfolgreich übersetzt:

- Borland C++ 5.0 unter Windows-NT
- Borland C++ 4.5 unter MS-DOS
- Microsoft Visual C++ 4.1 unter Windows NT

Falls der Hersteller keine Version der STL für seinen Compiler zur Verfügung stellt, kann eine Implementation der STL benutzt werden, die per `ftp` auf dem Server `butler.hpl.hp.com` im Verzeichnis `/stl` frei zugänglich ist.

Verzeichnis der Programmlistings

global.h

```
#ifndef GLOBAL_H
#define GLOBAL_H

typedef double DM;
typedef double Prozent;
typedef int Index;
typedef int Stueck;
typedef long int Tage;

// Anpassungen an spezielle Compiler
#ifdef _MSC_VER
#define explicit
#endif

#ifdef __BORLANDC__
#if (__BORLANDC__ < 0x500)
#define explicit
#define NOBOOL
#endif
#endif

#if !defined(bool) && defined(NOBOOL)
typedef int bool;
const bool false=0, true=!false;
#endif

// Implementation von Zusicherungen
#include <stdio.h>

class Ausnahme {
public:
  Ausnahme(const char* bedingung  const char* datei, int zeile);
  void warum() const;
private:
  const char*const bedingung;
  const char*const datei;
  const int zeile;
};

inline Ausnahme::Ausnahme(const char* b, const char* d, int z)
  : bedingung(b), datei(d), zeile(z) {}

inline void Ausnahme::warum() const {
  // cout benoetigt Speicher, der u.U. gerade ausgegangen ist.
  printf("\nAusnahme: %s Datei %s Zeile %d\n",
         bedingung, datei, zeile);
}

#ifndef NDEBUG
#define Assert(bedingung) \
  ((bedingung) ? (void)0 \
  : (void)(throw Ausnahme(#bedingung, __FILE__, __LINE__)))
#else
#define Assert(bedingung) (0)
```

```
#endif

#ifndef NREQUIRE
#define require(vorbedingung) Assert(vorbedingung)
#else
#define require(vorbedingung) (0)
#endif

#ifndef NPROMISE
#define promise(nachbedingung) Assert(nachbedingung)
#else
#define promise(nachbedingung) (0)
#endif

// STL-Container sollen Zeiger verwalten
#include <function.h>
#if defined(__BORLANDC__) && __BORLANDC__>=0x500
using namespace std;
#endif

template<class T>
class zeigervergleich : public unary_function<const T*, bool> {
// Inhalte und nicht Adressen von Zeigern vergleichen
public:
  explicit zeigervergleich(const T* p) : z(p) {}
  bool operator()(const T* p) const { return *p == *z; }
private:
  const T*const z;
};

template<class T>
class zeigerloeschen : public unary_function<T*, void> {
// Das Objekt loeschen, das der Zeiger referenziert.
public:
  void operator()(T* p) { delete p; }
};

#endif
```

tracer.h

```
#ifndef TRACER_H
#define TRACER_H

#include <fstream.h>

class space {  // Manipulator fuer ostream
public:
  space(int nn) : n(nn) {}
  friend ostream& operator<<(ostream&, const space&);
private:
  const int n;
};

class Tracer {
  // static const int offset = 2;
  enum { offset=2 };
public:
  Tracer(const char* funcname) {
    os << space(indent) << funcname << endl;
    indent += offset;
  }
  ~Tracer() {
    indent -= offset;
  }
private:
#ifndef NTRACER
  static int indent;
  static ofstream os;
#endif
};

#ifndef NTRACER
#define TRACER(func) Tracer tracer__(func)
// Der Name des Tracer-Objekts muss eindeutig sein!
#else
#define TRACER(func) (0)
#endif

#endif
```

tracer.cpp

```
#include "tracer.h"

ostream& operator<<(ostream& os, const space& s) {
  for (int i=0; i<s.n; ++i)
    os << ' ';
  return os;
}

#ifndef NTRACER
// const int Tracer::offset;
int Tracer::indent = 0;
ofstream Tracer::os("tracer.log");
#endif
```

datum.h

```
#ifndef DATUM_H
#define DATUM_H

#include "global.h"
class ostream;

// Einfache Datumsklasse mit der vom Depotprogramm geforderten
// Funktionalitaet.
class Datum {
public:
  Datum();  // aktuelles Datum
  Datum(int tag, int monat, int jahr);
  friend bool operator<(const Datum&, const Datum&);
  friend bool operator==(const Datum&, const Datum&);
  friend ostream& operator<<(ostream&, const Datum&);
  // ...
private:
  int tag, monat, jahr;
};

#endif
```

datum.cpp

```
#include <iostream.h>
#include <time.h>
#include "datum.h"

Datum::Datum() {
  // aktuelles Datum
  const time_t t(time(0));
  const tm*const tblock = localtime(&t);
  tag = tblock->tm_mday;
  monat = tblock->tm_mon+1;
  jahr = 1900+tblock->tm_year;
  Assert(tag >= 1 && tag <=31 && monat >= 1 && monat <=12
        && jahr >= 1);
}

Datum::Datum(int t, int m, int j) : tag(t), monat(m), jahr(j) {
  Assert(tag >= 1 && tag <=31 && monat >= 1 && monat <=12
        && jahr >= 1);
}

bool operator<(const Datum& x, const Datum& y) {
  if (x.jahr < y.jahr) return true;
  else if (x.jahr == y.jahr)
    if (x.monat < y.monat) return true;
    else if (x.monat == y.monat)
      return x.tag < y.tag;
  return false;
}

bool operator==(const Datum& x, const Datum& y) {
  return x.jahr == y.jahr && x.monat == y.monat && x.tag == y.tag;
}

ostream& operator<<(ostream& os, const Datum& d) {
  return os << d.tag << '.' << d.monat << '.' << d.jahr;
}
```

wertpapr.h

```
#ifndef WERTPAPR_H
#define WERTPAPR_H

#if defined(__BORLANDC__) && __BORLANDC__>=0x500
#include <string>
#else
#include <bstring.h>
#endif
#include "global.h"

class Wertpapier {
public:
  virtual ~Wertpapier();
  virtual DM gibWert() const = 0;
  virtual DM gibGebuehr() const = 0;
  friend ostream& operator<<(ostream&, const Wertpapier&);
  friend bool operator==(const Wertpapier&, const Wertpapier&);
protected:
  Wertpapier(const string& kn, const string& e, DM nw);
  virtual void ausgabe(ostream&) const;
  DM gibNennwert() const;
private:
  // Jedes Wertpapier ist ein Unikat, deshalb keine Kopien.
  Wertpapier(const Wertpapier&);
  Wertpapier& operator=(const Wertpapier&);
  const string kennNummer;
  const string emittent;
  const DM nennwert;
};

#ifdef HPSTL
inline void destroy(Wertpapier**) {}
#endif

#endif
```

wertpapr.cpp

```
#include <iostream.h>
#include "wertpapr.h"
#include "tracer.h"

Wertpapier::Wertpapier(const string& kn, const string& e, DM nw)
  : kennNummer(kn), emittent(e), nennwert(nw) {
  TRACER("Wertpapier::Wertpapier");
  require(!(kn == "") && !(e == "") && nw > 0);
}

Wertpapier::~Wertpapier() {
  TRACER("Wertpapier::~Wertpapier");
}

bool operator==(const Wertpapier& x, const Wertpapier& y) {
  TRACER("operator==(Wertpapier, Wertpapier)");
  return &x == &y;  // Identitaet
}

ostream& operator<<(ostream& os, const Wertpapier& w) {
  TRACER("operator<<(ostream, Wertpapier)");
  w.ausgabe(os);
  return os;
}

void Wertpapier::ausgabe(ostream& os) const {
  TRACER("Wertpapier::ausgabe");
  os << "WKN " << kennNummer << " "
     << emittent << " "
     << nennwert << " DM ";
}

DM Wertpapier::gibNennwert() const {
  TRACER("Wertpapier::gibNennwert");
  return nennwert;
}
```

aktie.h

```
#ifndef AKTIE_H
#define AKTIE_H

#include "wertpapr.h"

class Aktie : public Wertpapier {
public:
  Aktie(const string& kn, const string& e, DM nw, DM kw, DM d);
  // virtual ~Aktie();
  DM erstelleKursprognose() const;
  virtual DM gibWert() const;
  virtual DM gibGebuehr() const;
protected:
  virtual void ausgabe(ostream&) const;
private:
  Aktie(const Aktie&);
  Aktie& operator=(const Aktie&);
  DM dividende;
  DM kurswert;
  static DM gebuehr;
};

#endif
```

aktie.cpp

```
#include <iostream.h>
#include <stdlib.h>
#include "aktie.h"
#include "tracer.h"

DM Aktie::gebuehr = 0.30;  // je Stueck

DM Aktie::gibGebuehr() const {
  TRACER("Aktie::gibGebuehr");
  return gebuehr;
}

Aktie::Aktie(const string& kn, const string& e, DM nw, DM kw, DM d)
  : Wertpapier(kn, e, nw), kurswert(kw), dividende(d) {
  TRACER("Aktie::Aktie");
  require(kw >= 0 && d >= 0);
}

DM Aktie::erstelleKursprognose() const {
  TRACER("Aktie::erstelleKursprognose");
  // Wird nicht benutzt, deshalb sehr simpel.
  return kurswert * (1.5 - 1.0*rand()/RAND_MAX);
}

DM Aktie::gibWert() const {
  TRACER("Aktie::gibWert");
  return kurswert;
}

void Aktie::ausgabe(ostream& os) const {
  TRACER("Aktie::ausgabe");
  Wertpapier::ausgabe(os);
  os << kurswert << " DM " << dividende << " DM";
}
```

festlich.h

```
#ifndef FESTLICH_H
#define FESTLICH_H

#include "datum.h"
#include "wertpapr.h"

class Festverzinslich : public Wertpapier {
public:
  Festverzinslich(
    const string& kn, const string& e, DM nw, Prozent zs,
    const Datum& f
  );
  // virtual ~Festverzinslich();
  virtual DM gibWert() const;
  virtual DM gibGebuehr() const;
protected:
  virtual void ausgabe(ostream&) const;
private:
  Festverzinslich(const Festverzinslich&);
  Festverzinslich& operator=(const Festverzinslich&);
  const Prozent zinssatz;
  const Datum faelligkeit;
  Prozent kurswert;
  static DM gebuehr;
};

#endif
```

festlich.cpp

```
#include <iostream.h>
#include "festlich.h"
#include "tracer.h"

DM Festverzinslich::gebuehr = 0.15;  // je 100 DM Nennwert

DM Festverzinslich::gibGebuehr() const {
  TRACER("Festverzinslich::gibGebuehr");
  return gibNennwert() * 0.01 * gebuehr;
}

// Der Nennwert ist die kleinste Stueckelung.
Festverzinslich::Festverzinslich(
  const string& kn, const string& e, DM nw, Prozent zs,
  const Datum& f
) : Wertpapier(kn, e, nw), zinssatz(zs), faelligkeit(f),
    kurswert(100) {
  TRACER("Festverzinslich::Festverzinslich");
  require(zs >= 0 && Datum() < f);
}

DM Festverzinslich::gibWert() const {
  TRACER("Festverzinslich::gibWert");
  return gibNennwert() * kurswert * 0.01;
}

void Festverzinslich::ausgabe(ostream& os) const {
  TRACER("Festverzinslich::ausgabe");
  Wertpapier::ausgabe(os);
  os << zinssatz << "% " << faelligkeit << ' '
     << kurswert << '%';
}
```

depot.h

```
#ifndef DEPOT_H
#define DEPOT_H

#include <list.h>
#include "global.h"
class Bankkunde;
class Wertpapier;

class Depot {
public:
  explicit Depot(const Bankkunde&);
  ~Depot();
  void erstelleAuszug(ostream&) const;
  DM ermittleGesamtkurswert() const;
  DM ermittleGebuehren() const;
  void kaufen(const Wertpapier&, Stueck);
  void verkaufen(const Wertpapier&, Stueck);
  void verkaufen(Index, Stueck);
  bool istLeer() const;
  int anzahlPosten() const;
  void zeigePosten(ostream&) const;
  Stueck gibStueck(Index) const;
#if defined(__BORLANDC__) || defined(_MSC_VER)  // Bug!
public:  // public, damit friend-Funktionen definierbar sind.
#else
private:
#endif
  class Posten;
private:
  Depot(const Depot&);  // keine Kopien
  Depot& operator=(const Depot&)
  const Posten* gibPosten(Index) const;
  Posten* gibPosten(Index);
  Posten* gibPosten(const Wertpapier&);
  void verkaufen(Posten*, Stueck);
  typedef long int Nummer;
  static Nummer laufendeNummer;
  static DM mindestgebuehr;
  const Nummer nummer;
  const Bankkunde& bk;   // Objektbez., Kardinalitaet 1
  list<Posten*> posten;  // Aggregationsbez., Kardinalitaet 0,n
};

#ifdef HPSTL
inline void destroy(Depot::Posten**) {}
#endif

#endif
```

depot.cpp

```
#include <iostream.h>
#include "bkunde.h"
#include "global.h"
#include "wertpapr.h"
#include "tracer.h"
#include "depot.h"

#ifdef HPSTL
#include <algo.h>
#else
#include <algorith.h>
#include <numeric.h>
#endif

// ---- Definitionen fuer die Klasse Depot::Posten ----

// BC 4.5 will faelschlicherweise auch innerhalb der
// Klasse Depot die volle Qualifizierung, deshalb:
// Warning: Use qualified name to access nested type
// 'Depot::Posten'

class Depot::Posten {
public:
  explicit Posten(const Wertpapier&, Stueck = 1);
  // ~Posten();
  DM ermittleKurswert() const;
  DM ermittleGebuehren() const;
  void verkaufen(Stueck);
  void kaufen(Stueck);
  Stueck gibStueck() const;
  bool istLeer() const;
  friend ostream& operator<<(ostream&, const Posten&);
  friend bool operator==(const Posten&, const Posten&);
private:
  Posten(const Posten&);  // keine Kopien
  Posten& operator=(const Posten&);
  static DM mindestgebuehr;
  const Wertpapier& wp;  // Objektbez., Kardinalitaet 1
  Stueck stueck;
};

DM Depot::Posten::mindestgebuehr = 5;

Depot::Posten::Posten(const Wertpapier& w, Stueck s)
  : wp(w), stueck(s) {
  TRACER("Depot::Posten::Posten");
  require(s > 0);
}

DM Depot::Posten::ermittleKurswert() const {
  TRACER("Depot::Posten::ermittleKurswert");
  return stueck * wp.gibWert();
}
```

```
DM Depot::Posten::ermittleGebuehren() const {
  TRACER("Depot::Posten::ermittleGebuehren");
  const DM geb(stueck * wp.gibGebuehr());
  if (geb < mindestgebuehr)
    return mindestgebuehr;
  return geb;
}

bool operator==(const Depot::Posten& x, const Depot::Posten& y) {
  TRACER("operator==(Posten, Posten)");
  // Zwei Posten sind gleich, wenn sie sich auf dasselbe
  // Wertpapier beziehen.
  return &x.wp == &y.wp;
}

ostream& operator<<(ostream& os, const Depot::Posten& p) {
  TRACER("operator<<(ostream, Posten)");
  return os << p.stueck << " Stueck " << p.wp;
}

Stueck Depot::Posten::gibStueck() const {
  TRACER("Posten::gibStueck");
  return stueck;
}

void Depot::Posten::verkaufen(Stueck s) {
  TRACER("Posten::verkaufen");
  require(s > 0 && stueck >= s);
  stueck -= s;
}

void Depot::Posten::kaufen(Stueck s) {
  TRACER("Posten::kaufen");
  require(s > 0);
  stueck += s;
}

bool Depot::Posten::istLeer() const {
  TRACER("Posten::istLeer");
  return stueck == 0;
}

// ---- Definitionen fuer die Klasse Depot ----

// BC laesst Klammerschreibweise nicht zu.
Depot::Nummer Depot::laufendeNummer = 10000;
DM Depot::mindestgebuehr = 25;

Depot::Depot(const Bankkunde& k)
  : nummer(++laufendeNummer), bk(k) {
  TRACER("Depot::Depot");
}

Depot::~Depot() {
  TRACER("Depot::~Depot");
  // Das Depot ist fuer seine Posten zustaendig.
  for_each(posten.begin(), posten.end(),
           zeigerloeschen<Posten>());
  posten.erase(posten.begin(), posten.end());
}
```

```
Depot::Posten* Depot::gibPosten(const Wertpapier& w) {
  list<Posten*>::iterator p(
    find_if(posten.begin(), posten.end(),
            zeigervergleich<Posten>(&Posten(w)))
  );
  return (p != posten.end()) ? *p : 0;
}

void Depot::kaufen(const Wertpapier& w, Stueck s) {
  TRACER("Depot::kaufen");
  require(s > 0);
  Posten*const p = gibPosten(w);  // besser im if
  if (p != 0)
    p->kaufen(s);
  else
    posten.push_back(new Posten(w, s));
}

void Depot::verkaufen(const Wertpapier& w, Stueck s) {
  TRACER("Depot::verkaufen");
  require(gibPosten(w) != 0
          && s > 0 && s <= gibPosten(w)->gibStueck());
  verkaufen(gibPosten(w), s);
}

void Depot::verkaufen(Posten* p, Stueck s) {
  TRACER("Depot::verkaufen");
  require(p != 0 && s > 0 && s <= p->gibStueck());
    const int old_anzahlPosten(anzahlPosten());
    const Stueck old_gibStueck(p->gibStueck());
  p->verkaufen(s);
  if (p->istLeer()) {
    posten.remove(p);
    delete p;
  }
    promise(old_gibStueck == s
         && anzahlPosten() == old_anzahlPosten - 1
         || p->gibStueck() == old_gibStueck - s);
}

Depot::Posten* Depot::gibPosten(Index i) {
  require(i >= 0 && i < anzahlPosten());
  list<Posten*>::iterator p(posten.begin());
  advance(p, i);
  return *p;
}

const Depot::Posten* Depot::gibPosten(Index i) const {
  require(i >= 0 && i < anzahlPosten());
  list<Posten*>::const_iterator p(posten.begin());
  advance(p, i);
  return *p;
}

void Depot::verkaufen(Index i, Stueck s) {
  TRACER("Depot::verkaufen");
    require(i >= 0 && i < anzahlPosten()
            && s > 0 && s <= gibStueck(i));
    const int old_anzahlPosten(anzahlPosten());
    const Stueck old_gibStueck_i(gibStueck(i));
    verkaufen(gibPosten(i), s);
```

```
    promise(old_gibStueck_i == s
         && anzahlPosten() == old_anzahlPosten - 1
         || gibStueck(i) == old_gibStueck_i - s);
}

Stueck Depot::gibStueck(Index i) const {
  TRACER("Depot::gibStueck");
  require(i >= 0 && i < anzahlPosten());
  return gibPosten(i)->gibStueck();
}

void Depot::zeigePosten(ostream& os) const {
  TRACER("Depot::zeigePosten");
  int i = 0;
  for(list<Posten*>::const_iterator p(posten.begin());
      p!=posten.end(); ++p)
    os << ++i << ". " << **p << '\n';
}

void Depot::erstelleAuszug(ostream& os) const {
  TRACER("Depot::erstelleAuszug");
  os << "\nDepotauszug fuer " << bk << '\n'
     << "Depotnummer: " << nummer << '\n';
  zeigePosten(os);
  os << "Gesamtkurswert: "
     << ermittleGesamtkurswert() << " DM\n"
     << "Gebuehren:       " << ermittleGebuehren() << " DM"
     << endl;
}

DM Depot::ermittleGesamtkurswert() const {
  TRACER("Depot::ermittleGesamtkurswert");
#ifdef _MSC_VER
  DM sum(0);
  for(list<Posten*>::const_iterator p(posten.begin());
      p!=posten.end(); ++p)
    sum += (*p)->ermittleKurswert();
  return sum;
#else
  // MSC erlaubt lokalen Klassen keine Basisklassen
  struct SumKW : public binary_function<DM, const Posten*, DM> {
    DM operator()(DM sum, const Posten* p) {
      return sum + p->ermittleKurswert();
    }
  };
  return accumulate(posten.begin(), posten.end(), DM(0), SumKW());
#endif
}

DM Depot::ermittleGebuehren() const {
  TRACER("Depot::ermittleGebuehren");
  DM geb(0);
  for(list<Posten*>::const_iterator p(posten.begin());
      p!=posten.end(); ++p)
    geb += (*p)->ermittleGebuehren();
  if (geb < mindestgebuehr)
    return mindestgebuehr;
  return geb;
}
```

```
bool Depot::istLeer() const {
  TRACER("Depot::istLeer");
  return posten.empty();
}

int Depot::anzahlPosten() const {
  TRACER("Depot::anzahlPosten");
  return posten.size();
}
```

adresse.h

```
#ifndef ADRESSE_H
#define ADRESSE_H

#if defined(__BORLANDC__) && __BORLANDC__>=0x500
#include <string>
#else
#include <bstring.h>
#endif
#include "global.h"

class Adresse {
public:
  Adresse(const string& strNr, const string& plzOrt);
  // Adresse(const Adresse&);
  // Adresse& operator=(const Adresse&);
  // ~Adresse();
  bool istLeer() const;
  friend ostream& operator<<(ostream&, const Adresse&);
private:
  string strasse;  // Strasse und Hausnummer
  string ort;      // Postleitzahl und Ort
};

#endif
```

adresse.cpp

```
#include "adresse.h"
#include "tracer.h"

Adresse::Adresse(const string& s, const string& o)
  : strasse(s), ort(o) {
  TRACER("Adresse::Adresse");
  // leere Adresse ist zulaessig
}

ostream& operator<<(ostream& os, const Adresse& a) {
  TRACER("operator<<(ostream, Adresse)");
  os << a.strasse;
  if (!(a.ort == ""))  // != geht bei MSC nicht
    os << " in " << a.ort;
  return os;
}

bool Adresse::istLeer() const {
  TRACER("Adresse::istLeer");
  return strasse == "" && ort == "";
}
```

bkunde.h

```
#ifndef BKUNDE_H
#define BKUNDE_H

#include "adresse.h"
#include "global.h"
class Depot;
class Wertpapier;

class Bankkunde {
public:
  explicit Bankkunde(
    const string& name, const string& strNr="",
    const string& plzOrt=""
  );
  ~Bankkunde();
  void kaufen(const Wertpapier&, Stueck = 1);
  void verkaufen(const Wertpapier&, Stueck = 1);
  void verkaufen(Index, Stueck = 1);
  void depotauszug(ostream&) const;
  void depotAufloesen();
  bool hatDepot() const;
  bool depotLeer() const;
  int anzahlPosten() const;
  void zeigePosten(ostream&) const;
  Stueck gibStueck(Index) const;
  friend ostream& operator<<(ostream&, const Bankkunde&);
  friend bool operator==(const Bankkunde&, const Bankkunde&);
private:
  // Ein Bankkunde ist ein Unikat, deshalb keine Kopien.
  Bankkunde(const Bankkunde&);
  Bankkunde& operator=(const Bankkunde&);
  string name;  // Der Name ist identifizierender Schluessel.
  Adresse adr;
  Depot* depot;  // Objektbeziehung, Kardinalitaet 0,1
};

#ifdef HPSTL
inline void destroy(Bankkunde**) {}
#endif

#ifndef OUTLINE
#define INLINE inline
#include "bkunde.inl"
#endif

#endif
```

bkunde.inl

```
#include "depot.h"
#include "tracer.h"

#if defined(OUTLINE) && defined(__BORLANDC__)
#pragma hdrstop
#endif

INLINE bool Bankkunde::hatDepot() const {
  TRACER("Bankkunde::hatDepot");
  return depot != 0;
}

INLINE int Bankkunde::anzahlPosten() const {
  TRACER("Bankkunde::anzahlPosten");
  return hatDepot() ? depot->anzahlPosten() : 0;
}

INLINE void Bankkunde::depotAufloesen() {
  TRACER("Bankkunde::depotAufloesen");
  // Nicht sinnvoll, aber zulaessig, wenn kein Depot vorhanden.
  delete depot;
  depot = 0;
}

INLINE Bankkunde::~Bankkunde() {
  TRACER("Bankkunde::~Bankkunde");
  depotAufloesen();
}

INLINE void Bankkunde::verkaufen(const Wertpapier& w, Stueck s) {
  TRACER("Bankkunde::verkaufen");
  require(s > 0 && hatDepot());
  depot->verkaufen(w, s);
}

INLINE void Bankkunde::verkaufen(Index i, Stueck s) {
  TRACER("Bankkunde::verkaufen");
  require(i >= 0 && i < anzahlPosten() && s > 0 && hatDepot());
  depot->verkaufen(i, s);
}

INLINE void Bankkunde::zeigePosten(ostream& os) const {
  TRACER("Bankkunde::zeigePosten");
  require(hatDepot());
  depot->zeigePosten(os);
}

INLINE void Bankkunde::depotauszug(ostream& os) const {
  TRACER("Bankkunde::depotauszug");
  require(hatDepot());
  depot->erstelleAuszug(os);
}
```

```
INLINE bool operator==(const Bankkunde& x, const Bankkunde& y) {
  TRACER("operator==(Bankkunde, Bankkunde)");
  return x.name == y.name;
}

INLINE Stueck Bankkunde::gibStueck(Index i) const {
  TRACER("Bankkunde::gibStueck");
  require(i >= 0 && i < anzahlPosten() && hatDepot());
  return depot->gibStueck(i);
}
```

bkunde.cpp

```
#include <iostream.h>
#include "bkunde.h"
#include "wertpapr.h"

#ifdef OUTLINE
#define INLINE
#include "bkunde.inl"
#endif

Bankkunde::Bankkunde(
  const string& n, const string& s, const string& o
) : name(n), adr(s, o), depot(0) {
  TRACER("Bankkunde::Bankkunde");
  require(!(n == ""));
}

void Bankkunde::kaufen(const Wertpapier& w, Stueck s) {
  TRACER("Bankkunde::kaufen");
  require(s > 0);
  if (!hatDepot())  // Kein Depot? Dann eines eroeffnen.
    depot = new Depot(*this);
  depot->kaufen(w, s);
}

ostream& operator<<(ostream& os, const Bankkunde& k) {
  TRACER("operator<<(ostream, Bankkunde)");
  os << k.name;
  if (!k.adr.istLeer())
    os << ", " << k.adr;
  return os;
}

bool Bankkunde::depotLeer() const {
  TRACER("Bankkunde::depotLeer");
  return hatDepot() ? depot->istLeer() : true;
}
```

bank.h

```
#ifndef BANK_H
#define BANK_H

#include <list.h>
#if defined(__BORLANDC__) && __BORLANDC__>=0x500
using namespace std;
#endif

#ifdef _MSC_VER
#include "bkunde.h"
#include "wertpapr.h"
#else
class Bankkunde;
class Wertpapier;
#endif

class Bankterminal {
public:
  Bankterminal();
  ~Bankterminal();
private:
  // Jedes Bankterminal ist ein Unikat, deshalb keine Kopien.
  Bankterminal(const Bankterminal&);
  Bankterminal& operator=(const Bankterminal&);
  enum Zustand {   // Die Menupunkte 0 bis x sind waehlbar.
    keinKunde = 2, // Es wurde noch kein Kunde ausgewaehlt.
    keinDepot = 3, // Der ausgewaehlte Kunde hat kein Depot.
    depotLeer = 5, // Das Depot des Kunden ist leer.
    hatWP = 6      // Kunde hat Wertpapiere im Depot.
  };
  static const char*const menutexte[];
  static void zeigeMenu(Zustand)
  static int holeAuswahl(Zustand);
  void start();
  Zustand bestimmeZustand() const;
  void bearbeiteAuswahl(int auswahl);
  void daten();
  void neuerKunde();
  void kundenAuswaehlen();
  void wertpapiereKaufen();
  void wertpapiereVerkaufen();
  list<Bankkunde*> bankkunden;
  list<Wertpapier*> wertpapiere;
  Bankkunde* aktKunde;
};

#endif
```

bank.cpp

```
#include <iostream.h>
#include <limits.h>
#include <stdlib.h>
#include "aktie.h"
#include "bank.h"
#include "depot.h"
#include "festlich.h"
#include "bkunde.h"
#include "tracer.h"

#ifdef HPSTL
#include <algo.h>
#else
#include <algorith.h>
#endif

// Die Reihenfolge der Menupunkte ist so gewaehlt, dass die
// Auswahlmoeglichkeiten dem jeweils aktuellen Programmzustand
// entsprechen.
const char*const Bankterminal::menutexte[] = {
  "0. Programm beenden\n",
  "1. Neuen Kunden eingeben\n",
  "2. Einen Kunden auswaehlen\n",
  "3. Wertpapiere kaufen\n",
  "4. Depotauszug\n",
  "5. Depot aufloesen\n",
  "6. Wertpapiere verkaufen\n"
};

Bankterminal::Zustand Bankterminal::bestimmeZustand() const {
  TRACER("Bankterminal::bestimmeZustand");
  Zustand zust;
  cout << '\n';
  if (aktKunde != 0) {
    cout << *aktKunde;
    if (aktKunde->hatDepot()) {
      cout << "; Depot vorhanden";
      if (!aktKunde->depotLeer()) {
        cout << "; Wertpapiere vorhanden";
        zust = hatWP;
      } else {
        cout << "; keine Wertpapiere";
        zust = depotLeer;
      }
    } else {
      cout << "; kein Depot";
      zust = keinDepot;
    }
  } else {
    cout << "kein Kunde";
    zust = keinKunde;
  }
  cout << endl;
  promise(
```

```
    zust >= keinKunde &&
    zust < sizeof(menutexte)/sizeof(menutexte[0])
  );
  return zust;
}

void Bankterminal::zeigeMenu(Zustand zust) {
  TRACER("Bankterminal::zeigeMenu");
  for (int i=0; i<=zust; ++i)
    cout << menutexte[i];
}

static
int einlesen(const char* text, int von, int bis=INT_MAX) {
  TRACER("einlesen");
  for (;;) {
    cout << text;
    cin.clear();
    string eingabe;
    cin >> eingabe;
    char* gelesen;
    const long int wert = strtol(eingabe.c_str(), &gelesen, 10);
    if (eingabe == "" || *gelesen != '\0'
        || wert < von || wert > bis)
      cout << "ungueltige Eingabe" << endl;
    else {
      Assert(von <= wert && wert <= bis);
      return static_cast<int>(wert);
    }
  }
}

int Bankterminal::holeAuswahl(Zustand zust) {
  TRACER("Bankterminal::holeAuswahl");
  return einlesen("Auswahl: ", 0, zust);
}

void Bankterminal::bearbeiteAuswahl(int auswahl) {
  TRACER("Bankterminal::bearbeiteAuswahl");
  switch (auswahl) {
    case 0:
      break;
    case 1:
      neuerKunde();
      break;
    case 2:
      kundenAuswaehlen();
      break;
    case 3:
      wertpapiereKaufen();
      break;
    case 4:
      Assert(aktKunde != 0);
      aktKunde->depotauszug(cout);
      break;
    case 5:
      Assert(aktKunde != 0);
      aktKunde->depotAufloesen();
      break;
    case 6:
      wertpapiereVerkaufen();
```

```
        break;
      default:
        cout << "ungueltige Eingabe" << endl;
        break;
    }
}

void Bankterminal::daten() {
  TRACER("Bankterminal::daten");
  // Zum Testen werden hier Kunden und Wertpapiere angelegt.
  // Im realen Betrieb wuerden die Daten aus einer Datenbank
  // kommen. Kunden und Wertpapiere duerfen jeweils nur einmal
  // existieren.
  bankkunden.push_back(
    new Bankkunde(
      "Martin Mustermann", "Musterstr. 123", "68999 Mannheim"
    )
  );
  bankkunden.push_back(
    new Bankkunde(
      "Martina Musterfrau", "Mustergasse 10", "20999 Hamburg"
    )
  );
  wertpapiere.push_back(new Aktie("134", "SAP", 5, 196, 0.85));
  wertpapiere.push_back(
    new Festverzinslich(
      "114103", "Bundesrepublik Deutschland", 1000, 7.25,
      Datum(20, 10, 1997)
    )
  );
}

Bankterminal::Bankterminal() : aktKunde(0) {
  TRACER("Bankterminal::Bankterminal");
  daten();
  bool nochmal;
  do {      // Das Terminal soll auch nach Ausnahmesituationen
    try {  // in Betrieb bleiben.
      nochmal = true;
      start();
      nochmal = false;  // normales Programmende
    } catch(const Ausnahme& a) {
      a.warum();
    } catch(...) {
      cout << "\nAusnahmesituation" << endl;
    }
  } while (nochmal);
}

void Bankterminal::start() {
  TRACER("Bankterminal::start");
  int auswahl;
  do {
    const Zustand zust = bestimmeZustand();
    zeigeMenu(zust);
    auswahl = holeAuswahl(zust);
    bearbeiteAuswahl(auswahl);
  } while (auswahl != 0);
}
```

```
Bankterminal::~Bankterminal() {
  TRACER("Bankterminal::~Bankterminal");
  // Bankkunden und Wertpapiere loeschen.
  for_each(bankkunden.begin(), bankkunden.end(),
    zeigerloeschen<Bankkunde>());
  bankkunden.erase(bankkunden.begin(), bankkunden.end());
  for_each(wertpapiere.begin(), wertpapiere.end(),
    zeigerloeschen<Wertpapier>());
  wertpapiere.erase(wertpapiere.begin(), wertpapiere.end());
}

// Statt static besser unbenannter Namensbereich.
static string readline(istream& in) {
  // Eine Zeile in einen String einlesen.
  string s("");
  char c;
  while(in.get(c) && c != '\n')
    s += c;
  return s;
}

void Bankterminal::neuerKunde() {
  TRACER("Bankterminal::neuerKunde");
  cout << "Name: ";
  const string n(readline(cin));
  if (n == "") return;
  list<Bankkunde*>::iterator bk(
    find_if(bankkunden.begin(), bankkunden.end(),
            zeigervergleich<Bankkunde>(&Bankkunde(n))));
  if (bk != bankkunden.end()) {
    cout << "Dieser Kunde existiert bereits.\n" << **bk << endl;
    aktKunde = *bk;
  } else {
    cout << "Strasse: ";
    const string s(readline(cin));
    cout << "Ort: ";
    const string o(readline(cin));
    aktKunde = new Bankkunde(n, s, o);
    bankkunden.push_back(aktKunde);
  }
}

static bool fragen(int& nr, int maxnr) {
  TRACER("fragen");
  require(maxnr >= 0);
  cout << "0. abbrechen" << endl;
  nr = einlesen("Nummer: ", 0, maxnr);
  return nr != 0;
}

static bool fragen(int& nr, int maxnr, Stueck& s) {
  TRACER("fragen");
  require(maxnr >= 0);
  if (!fragen(nr, maxnr))
    return false;
  s = einlesen("Stueck: ", 1);
  return true;
}

void Bankterminal::kundenAuswaehlen() {
  TRACER("Bankterminal::kundenAuswaehlen");
```

```
  int i = 0;
  for(list<Bankkunde*>::iterator p(bankkunden.begin());
      p!=bankkunden.end(); ++p)
    cout << ++i << ". " << **p << '\n';
  int nr;
  if (fragen(nr, i)) {
    list<Bankkunde*>::iterator p(bankkunden.begin());
    advance(p, nr-1);
    aktKunde = *p;
  } else
    aktKunde = 0;
}

void Bankterminal::wertpapiereKaufen() {
  TRACER("Bankterminal::wertpapiereKaufen");
  require(aktKunde != 0);
  int i = 0;
  for(list<Wertpapier*>::iterator p(wertpapiere.begin());
      p!=wertpapiere.end(); ++p)
    cout << ++i << ". " << **p << '\n';
  int nr;
  Stueck s;
  if (fragen(nr, i, s)) {
    list<Wertpapier*>::iterator p(wertpapiere.begin());
    advance(p, nr-1);
    aktKunde->kaufen(**p, s);
  }
}

void Bankterminal::wertpapiereVerkaufen() {
  TRACER("Bankterminal::wertpapiereVerkaufen");
  require(aktKunde != 0);
  aktKunde->zeigePosten(cout);
  const int maxnr = aktKunde->anzahlPosten();
  int nr;
  if (fragen(nr, maxnr)) {
    const Stueck s(
      einlesen("Stueck: ", 1, aktKunde->gibStueck(nr-1))
    );
    aktKunde->verkaufen(nr-1, s);
  }
}
```

main.cpp

```
// Simulation eines Bankterminals, das Wertpapierdepots verwaltet.

#include <iostream.h>
#include "bank.h"

int main() {
  cout.setf(ios::showpoint | ios::fixed);
  cout.precision(2);
  Bankterminal terminal;
  return 0;
}
```